AF247019

LES ROUTES D'ARLES

DU MÊME AUTEUR

Chantegrolle (2ᵉ édition, CALMANN-LÉVY). . . 1 vol.
Brigandes (Ouvrage couronné par l'Académie
Française, CALMANN-LÉVY) . . . . 1 vol.

In Memoriam (BLOUD).. . . . . 1 vol.
Le Positivisme chrétien (5ᵉ édition, BLOUD). 1 vol.
La Vérité religieuse (3ᵉ édition, BLOUD) . . 1 vol.

En préparation :

Les Madones comtadines.

ANDRÉ GODARD

LES
ROUTES D'ARLES

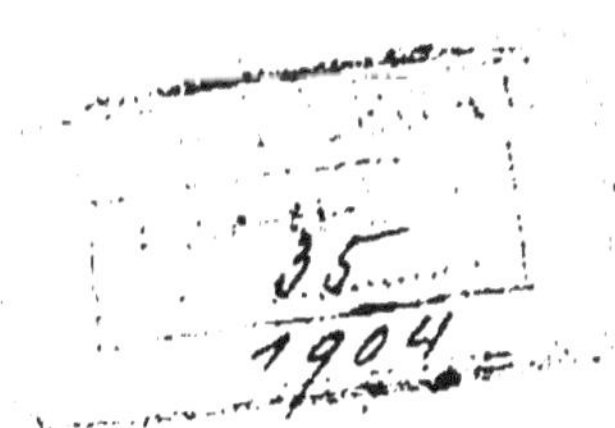

PARIS

LIBRAIRIE ACADÉMIQUE DIDIER

PERRIN ET Cⁱᵉ, LIBRAIRES-ÉDITEURS

35, QUAI DES GRANDS-AUGUSTINS, 35

1904

Aux sols roses où, sous la joie du soleil, noircit le myrte d'Aphrodite et bleuit l'olivier d'Athèné ; aux montagnes pauvres qui ne sont que parfums;

Aux palmes et aux orangers des plages baignées par les vagues de saphir qui bercèrent le vaisseau d'Ulysse et la trirème de l'Apôtre;

A la terre antique où résonnent dans les farandoles le tambourin et la flûte de Dyonisos; mais où Marthe et Lazare, Marie de Magdala et les Saintes de la mer apportèrent, sur une barque miraculeuse, la récente parole du Christ;

A l'ardente patrie des cours d'amour et des moines qui se livrèrent à l'Islam en échange de ses captifs;

A la Province par excellence des Césars, à la Gaule Narbonnaise des empereurs d'Arles, à la Provence de Mistral

Dédia ce livre

UN BARBARE DE LA GAULE CELTIQUE.

LES ROUTES D'ARLES

Devant la Maine sombre où dorment les ciels mélancoliques de Neustrie, en un quartier de jadis qu'on nomme la Doutre, endeuillé de ruines noirâtres, d'ardoises verdies et de mystérieuses tourelles, l'ancien hôpital Saint-Jean d'Angers émerge des lierres avec l'immense toiture de son rectangle aux mornes ogives, qu'effleure, silencieuse, l'aile des chouettes. C'est au fond de cette poésie du nord et du passé que le soleil provençal m'enchanta de son premier rayon, en l'une de ces songeries d'enfance qui ressemblent à des pressentiments.

J'ai appris, très jeune, à vivre auprès de la mort. Mon grand-père disposait alors en musée cette maison-Dieu, érigée par les Plantagenets ; tandis qu'il étiquetait les bracelets des reines dé-

funtes, je jouais avec quelque camarade parmi
les sarcophages gallo-romains. Mais je préférais
la quiétude du jardin clos et l'encoignure de pâle
soleil où s'étiolent plusieurs arbustes du Sud ;
j'aimais leur dolence de plantes dépaysées dont
les fruits ne mûrissent pas ; je rêvais de terres
plus chaudes et de plus beaux ciels.

*La Provence, c'est encore l'Orient ; elle
en a la couleur, les immenses horizons, les
vastes solitudes, le mirage et l'éblouissante
lumière.*

Charles LENTHÉRIC.

Dès le premier contact avec l'antique Arelas, la Grèce pour moi se leva toute. Étrange supériorité morale d'une synthèse sur les éléments qui la composent : ces arènes sont romaines, ces statuettes de la Vierge sont gothiques, ces costumes datent de cent années ; cependant de tout cela surgit l'art grec. J'appris plus tard que ma sensation intuitive était exacte ; comme Nîmes est le dur Latium, et Avignon l'Italie, Arles c'est l'Hellas.

Les ruelles de cette ville d'ombres, les bords fangeux de Trinquetaille où se perpétue la race dégénérée des naviculaires, restent le cœur ancien de cette Provence si triomphante de vie, mais si complexe qu'au moment de rechercher parmi les notes crayonnées sur ses routes quelque unité, je prévois d'incessantes contradictions. La terre de Mireille et de Tartarin, de saint Jean de Matha et de Mirabeau, dément toute généralisation. Seuls ces mots : une *énergie de joie*, pourraient résumer les multiples aspects de la mentalité provençale. Ils peindraient même les paysages, et je sens mieux leur vérité par le contraste de deux poésies, lorsqu'au fond des novembres de l'Ouest, sous les brouillards où rien ne luit plus hormis les chênes rougeâtres et les sarments couleur de lie, je regarde les dernières roses essayer d'éclore dans les feuilles mortes. Alors le lumineux Midi s'évoque, l'austère Languedoc lui-même sans mélancolie, d'une désolation mâle, et si pareil à la Judée, si parfumé de thyms, et abritant, comme aux jours d'Israël, chaque famille heureuse de vivre sous sa treille ou son figuier ; mais surtout la Provence, une langue sonore, des cœurs d'apôtre ou des gestes de tribun, de vivantes Tanagra casquées de bandeaux d'ébène sous le ruban de velours et le minuscule bonnet d'Arlésie, et les forêts de canniers bordant la Durance, les panaches des gignériums, l'or des grands genêts et l'écarlate splendeur du grenadier, l'odeur âcre des magnaneries, et l'immense cercle des montagnes mordorées, bleues, roses, gris-perle, et le dais indigo du ciel, le royal soleil, et, au loin, les tours sarrazines, les rouges acropoles des municipes, les courtines en falaise du Palais des papes.

*C'est la Provence. Adossée aux Alpes,
elle s'avance, comme un promontoire de la
Grèce et de l'Italie, vers cette mer qui
baigne tous les rivages fameux.*
LACORDAIRE.

D'Avignon à Arles neuf lieues exquises.

Autour des mas isolés, verts et roses, un enveloppement de lumière et de paix heureuse. Dans la blancheur des bourgs bruit et couleur, orchestres, drapeaux, fusées, les *vogues* aux danses graves, des êtres qui aiment, qui vivent. A droite du Rhône, la désolation des garrigues languedociennes, bosselant l'horizon. A gauche, la plaine du Comtat, puis la Provence, bornées par le topaze des Alpines, la neige du Ventoux, l'or fauve des monts de Vaucluse. Aux rives du fleuve une forêt d'abricotiers, de jujubiers, de figuiers, de cerisiers. A Barbentane, les trains de primeurs qui enrichissent la contrée. Et ces bourgs de la Durance: Maillane, Eyragues, Rognonas, Noves, sont très religieux; réplique au sophisme selon lequel un peuple doit pour prier croupir en haillons et répudier l'amour. Un paysage où l'on se surprend à murmurer le chœur d'OEdipe à Colone ; tous les siècles semblent renaître ; ici les ruines n'attristent point. Des lignes et des colorations du Vinci, une cendre d'or, un vernis luisant sur les horizons, précis à dix lieues. Une délicieuse clarté de matin, la gaieté même des files de cyprès qui, avec les claies en cannier, abritent du mistral les cultures délicates, qu'un réseau de canaux préserve de la sécheresse d'un trop beau climat.

Puis la plaine meurt dans les roseaux d'étangs. Brusquement la Montagnette s'ouvre, avec l'énorme roc qui lance au-dessus d'une sapinière la tour carrée et la poterne ogivale de Barbentane. Maintenant le montueux désert tapissé d'aromates, la « Gueuse parfumée » de Paul Arène. Blocs de roches blanches ou qui, éventrées, saignent au soleil comme des grenades. Vallons arides, grisâtres, où le monde semble finir, et dont le bord seul est cultivé. Ils s'espacent, chétifs, pauvres et tourmentés, ces oliviers ; jamais sans larmes je ne les revois ; ils racontent la Judée, le Christ et l'utilité de l'humble souffrance. Le train sonne dans les roches. Nulle maison, mais ces garrigues, au loin dévastées ; pour qui plus près s'en approche, elles resplendissent de fleurs, perdues avec les buis et les lavandes sous le sombre manteau de chênes nains escaladant les mornes. Dans un repli de ces monts lunaires,

Frigolet cache la splendeur de ses liturgies, ses trente moines blancs au fond d'un chœur byzantin, l'Abbé, haute vision blanche, en sa cathèdre parée de sa crosse ivoirine et d'une draperie d'argent. La Montagnette enfin s'abaisse vers le jardin des plaines provençales, que divisent là-bas les bosses translucides des Alpines.

Tarascon! Ainsi que dans les autres villes rhodaniennes, une Vierge étend ses bras sur les tuiles rousses de la cité, bien déchristianisée malgré le vote de sa municipalité libérale en faveur des congrégations. Mais la campagne tarasconnaise demeure la plus conservatrice de l'esprit religieux et des traditions esthétiques ; là les dernières farandoles et les harnais de la Saint-Éloi. Tartarin ne représente, avec Numa, que l'aspect caricatural de ce pays. Mais, dès qu'il se dégage du persiflage parisien, dès qu'il aspire une bouffée de sirocco, Daudet nous charme ; il colore son tambourinaire, les mystiques ou les violentes figures de la Crau, et l'arrogante corruption d'Arles.

Le train glisse au long du Rhône. A gauche, les tours abbatiales de Montmajour resplendissent sur la proue des Alpines. Puis une insignifiante gare, comme au bord d'un marais inhabité. C'est la métropole constantinienne, où sommeille aussi la royauté gothique du lion, sculpté sur le viaduc du fleuve ; ici et à Bruges une Compagnie de chemins de fer montra du goût.

*Arles, où rien n'est vulgaire, toujours
me fut une cité de vie intérieure.*

Maurice BARRÈS.

Arles est pour les snobs et pour les placiers
en alcools une ville sans agrément, mal pavée,
où rien n'attire, ni un café luxueux ni une belle
rue ; on en a fait le tour en vingt minutes. Ces
messieurs sont priés de n'y pas descendre, ils
trouveront mieux à Marseille.

Je ne franchis jamais l'enceinte romaine d'Arelas sans une sorte d'angoisse, et comme écrasé
par trop de splendeurs. L'Orient, la Grèce, Rome,
les empereurs, les conciles, le royaume de Provence, les cours d'amour, puis la vie actuelle,
corridas et ferrades, tout à la fois sollicite ; et l'on
finit par abdiquer la pensée, ne goûter plus que
la lumière d'Arles, cette spéciale rutilance faite
des réverbérations de la Camargue et du badigeon
des logis.

La tache d'Arles, c'est sa population. Elle ne

garde de grec que la moue dédaigneuse envers
les étrangers, lorsqu'à la provençale elle prononce : « ces estranndzéras ! » Parmi tant d'in-
fluences, celle du Bas-Empire prévalut. L'Arlésien, nullement cruel, a le goût du sang ; les
gamins jouent au *toro*. Nulle délicatesse artistique : le colysée supplante le théâtre.

Errons donc par les ruelles de la ville haute,
avec les générations plus affinées qui sculptèrent
ces têtes de lion et ces colombes encastrées dans
les logis jaunes ou roses, sous ce ciel au blanc
dilué dans du bleu. Ruelles d'Orient, que les Sarrazins repeuplèrent, et où s'ouvrent des intérieurs
de la Kasbah. Grimpons jusqu'au campanile de la
Major, dont la byzantine statue d'or regarde, par
delà les Arènes, l'immense fuite du fleuve ralenti.
Évitant de si tôt aborder les grands souvenirs,
redescendons vers les tours latines, vers les
niches ouvragées où veillent encore quelques
Vierges à l'angle des rues, vers l'étrange fresque
murale soulignée d'une inscription provençale,
vers les cintres imbriqués du Palais constantinien. Gagnons le Muséon arlatèn, capharnaüm du
félibrige, et que ranime chaque jeudi, parmi quelques intimes, le juvénile entrain du vieux Mistral.
Là un castor, un nid à couloir ouaté de penduline, la photographie d'une colonie de flamants
sur le Vaccarès, coudoient les bijoux arlésiens,
les meubles qu'ornent deux colombes et divers
attributs de l'amour, les caparaçons écarlates et
les sonnettes de la Saint-Éloi, les anneaux enla-

cés (*li coulas*) servant de bracelets, la chevelure de la princesse des Baux, enfin les groupes en cire représentant deux scènes de mœurs : le souper de *Calendo* (Noël), puis les présents à la *jacudo* (l'accouchée) : *la sau* (sel), *lou pan* (pain), *uno ioù* (œuf), *uno bouqueto* (allumette), qui symbolisent la sagesse, la bonté, la plénitude et la droiture de l'enfant.

*La Provence a hébergé tous les peuples.
Tous ont chanté ses chants, dansé ses
danses. Les vives et belles filles d'Arles et
d'Avignon ont pris par la main le Grec,
l'Espagnol, l'Italien, leur ont bon gré mal
gré mené la farandole. Et ils n'ont plus
voulu se rembarquer. Ils ont fait en Provence des villes grecques, moresques, italiennes.*

MICHELET.

Adossés aux ruines du théâtre, les cyprès et
les pins d'un square renforcent la luisance des
pierres, marinées dans le soleil de vingt siècles.
Bon coin pour réveiller tant d'histoire, depuis le
jour où Gyptis, présentant la coupe à Euxène,
captiva les navigateurs d'Ionie.

Au sixième siècle avant le Christ, alors que les
bûchers humains illuminent nos forêts druidiques, le Midi apparaît civilisé par l'amour. C'est
encore une Gauloise qui, révélant à son amant
grec le complot de sa tribu, sauve la naissante
Massalia. Ces Ligures de la côte n'étaient guère
plus policés que les Celtes de l'intérieur. Les
Grecs de Rhodes colonisèrent les premiers l'em-

bouchure du Rhône, auquel ils léguèrent leur nom, plus tard latinisé : Rhodanus. Ils fondèrent en Catalogne la ville actuelle de Rosas ; l'idiome provençal, frère du catalan, nomme le Rhône : *lou Rose.*

En 542, les Phocéens, vaincus par Cyrus, émigrent vers Massalia, qui deviendra plus tard la Massilia latine, puis Marseille. Ils l'accroissent, fondent alentour Antipolis (Antibes), Nicœa, Arausio (Orange), Avenio. La vie intellectuelle commence d'enchanter les rives du Rhône. Marseille, la première, commente les poèmes homériques ; ses géographes explorent l'Afrique, l'Asie, le nord de l'Europe. Mais il lui faut lutter sans trève contre les indigènes des montagnes, qu'elle ne parvient ni à détruire ni à civiliser. Le Christianisme seul pourra unifier la pensée des peuples, supprimer aux fils dégénérés d'Homère la corruption des danses mithriques, éteindre les bûchers des Celtes, et définir Dieu, que ceux-ci avaient appelé Teutatès, ceux-là Zeus.

La beauté du monde se révéla d'abord aux Méditerranéens.

HANOTAUX.

J'ai compris, au Musée lapidaire, quelles jouissances interdites au pinceau le marbre peut offrir, et comme il dure, et comme il ressuscite l'histoire. Ils ont, ces blocs de carrare où d'anonymes Anciens martelèrent une pensée, revêtu la teinte des vieux ossements ; leur transparence fit place à cette matité définitive.

Avisons la pièce capitale, celle qui enferme le secret des religions antiques : le torse décapité du Mithra. Ce serpent, dont les anneaux s'enroulent autour de l'idole, parallèlement aux signes du zodiaque, Moïse le reconnaîtrait. Le culte solaire et le culte ophique, le naturalisme et le démonisme, apparaissent ainsi connexes dans toutes les manifestations baalistes, et en opposition constante avec les traditions divines du Jovisme.

Ce Musée lapidaire, au sortir duquel je ne dé-

sirai jamais visiter les meubles gothiques de la
galerie Réattu, constitue l'une des deux ou trois
primordiales collections d'antiques. L'on y constate quelle calomnie contre l'Église représente
l'idée que la sculpture est un art païen. Les bas-
reliefs des sépultures chrétiennes continuent la
statuaire hellénique. En réalité, le triomphe de la
vérité religieuse coïncida historiquement avec les
invasions germaniques, seules responsables de la
destruction de l'art ancien. Quelques idoles brisées par le zèle de néophytes n'eussent point
aboli la pensée de Phidias; mais le nuage du
Nord creva sur la civilisation.

*Devant les deux danseuses mutilées je
m'arrêtai; les Barbares n'ont pas épargné ces fleurs légères.*
Maurice BARRÈS.

Voici, proches des petites danseuses grecques,
le tombeau de la musicienne Tyrannia, que décorent des cithares et des flûtes. Puis le sépulcre
de Messianus, chef des navigateurs utriculaires
d'Arles; la mosaïque de l'Enlèvement d'Europe;
les statues d'Auguste et de Livie; un buste de
Silène; une tête d'esclave affranchie; les autels
de marbre blanc dédiés à Cybèle, à Vénus; quelques sarcophages ornés d'une chasse au sanglier,
d'un Apollon parmi les Muses, d'un Cygne et
Léda, d'un Eros et Psyché. Voici de plus modestes mausolées : le cippe d'un vétéran de la
XXIIᵉ légion; un double cippe à libations; un
cippe dédié à la fille de Marius, et d'autres stèles
dont les noms ne disent plus rien. Un tombeau
grec, sculpté aux quatre faces, représente la Mort

d'Hippolyte. Un autre bas-relief figure la cueillette des olives. Ces œuvres sont d'une trop attirante perfection pour que l'œil s'attache aux épaves simplement archéologiques : base de l'obélisque qui orne la place de la République ; colonne en granit dédiée à Constantin et qui servit à amarrer les barques du Rhône ; amphores ; bornes milliaires ; couvercle d'un tombeau phénicien de la Camargue ; chapiteaux corinthiens ; tuyaux d'aqueduc ; et, par delà l'époque historique, quelques crânes du Castellet, une vertèbre percée par une flèche en silex. Vite l'on revient vers les guirlandes et la chasse au canard, qui décorent les autels votifs découverts dans les fouilles du théâtre.

Comme elles vivent, ces pierres, plus que les poèmes ! Combien une stèle est plus éloquente qu'un in-folio ! Comme nous avons connu l'anonyme sculpteur dont le ciseau caressa ces délicates chevelures ! Et quelle profondeur indestructible conquit l'écriture romaine à se limiter sur un marbre !

*La famille antique est une association
religieuse. L'ancienne langue grecque avait
un mot bien significatif pour désigner une
famille : επιςτιον « ce qui est auprès d'un
foyer ». On désignait le mariage simplement par le mot τελος, comme si le mariage
avait été la cérémonie sacrée par excellence.*

FUSTEL DE COULANGES.

Un tombeau représente le mariage romain.

Convaincu que presque tous les mythes enfer-
ment un sens moral, je recherchai longtemps
pourquoi, dans l'Iliade, Vénus protège les
Troyens, Minerve les Grecs. C'est que l'Asie fut
la primitive patrie de l'amour, lequel échut ensuite
à l'Italie; Énée, issu d'Aphrodite, logiquement
aborde aux plages du Latium. Les grands poètes
de l'amour, Ovide, Tibulle, furent des Latins. La
Grèce, adoratrice de Pallas, développe la raison
et l'esthétique. Mais ses Tragiques, en qui la dignité humaine s'est surpassée, demeurent presque
muets sur l'amour; Homère n'exalte qu'une dilection conjugale, et c'est à Troie. On respire

2

l'amour chez Euripide, mais on y respire d'avance
le christianisme, qui partout va reconstituer
l'homme intégral. Le messianisme sentimental
d'Euripide confine aux pressentiments dogmati-
ques de Platon.

Malgré la spécialisation psychologique des
races, Dieu dispose plus synthétiquement les
cœurs individuels. L'Hellène eut, comme le Romain, son foyer, ses rites nuptiaux, hérités des
liturgies de l'Inde où frissonnaient les premières
révélations du Créateur à l'homme.

Après un simulacre d'enlèvement, l'époux
aryen soulève en ses bras la fiancée, lui fait franchir le seuil, l'initie à la religion de son foyer.
Aspergée d'eau lustrale, elle touche le feu sacré.
Puis le partage d'un gâteau devant les pénates
achève de mettre les époux en communion l'un
avec l'autre et avec les dieux domestiques.

Hellas, sur la stèle brisée où s'immortalise
ton nom, je tracerai la croix ! Nous ne répudie-
rons de l'histoire humaine que ce qui la déshonore : l'épicurien, le marchand d'esclaves, le reître
hilare, la grimace du voyou et celle du snob.
Mais nous demanderons l'aube religieuse aux
reflets de la Caverne de Platon. Avant la surnaturelle eurythmie des petites martyres africaines,
nous saluerons l'anticipation chrétienne de Po-
lyxène qui voulut tomber, elle aussi, pudique et
gracieuse. Dieu est la source où chaque être
puise l'énergie nécessaire à sa réalisation d'i-
déal.

Saint Justin, les Pères d'Alexandrie savaient
que le Ciel avait entr'ouvert les lèvres de Socrate.

Quelle ombre jeta sur la théologie du Moyen
Age la substitution de l'exclusivisme latin à cet
esprit grec! Il fallait cela sans doute pour formu-
ler à la romaine l'intérieur du dogme, et imposer
le joug à des Goths que préoccupait fort peu le
salut de Platon. Mais à nos siècles plus frater-
nels, mieux aptes aux vérités élargies, il est
temps de rouvrir l'évangile johannique et les
providentiels décrets des papes attestant l'universalité de la Grâce.

Le musée d'Arles évoque cependant, non le
socratisme grec, mais la décadence religieuse,
qui ailleurs précéda la lumière chrétienne. Trop
éloigné de la Révélation primitive et des oracles
du Sinaï, l'homme fait ses dieux à son image.
La commerçante, l'artiste Massalia grave sur
d'exquises et minuscules médailles la tête d'Her-
mès ; le reste de la Narbonnaise, cette Provence
déjà ivre de fêtes, transforme le féroce baalisme
chananéen en un mithrisme sans cruauté, tout
de tambourins et de danses sacrées, exempt
même des ignominies de la Bacchanale romaine.

Mais qu'ils sont oubliés, les jours où le chantre
des Védas annonçait les destinées messianiques ;
où Hésiode se rappelait la création ; où Eschyle
et Sophocle jetaient aux pieds sauveurs de la
Sagesse issue de Zeus Oreste poursuivi par sa
conscience ; où Phidias méditait dans la prière
une figuration symbolique de cette Sagesse et de
ce Dieu père ; où Platon empruntait à la Syna-

gogue, développait la doctrine du Verbe, et semblait avoir vu croître, au bord de quelque futaie de la Judée, l'arbre qui serait un jour *celui-là* !

Ils eurent raison de sculpter sur ce marbre funéraire l'Amour et Psyché ; la pauvre âme, émanée de l'Amour divin, lui retourne encore par les dilections terrestres, lorsque toute vérité religieuse s'est obscurcie. Les plus indéracinables dogmes sont celui d'une justice rétributive et celui de la communion avec les morts.

Que d'heures j'ai passées, mélancoliques et pieuses, à épeler les monotones dédicaces des stèles grecques ou latines ! Parfois la matière, à mesure qu'elle s'alourdit, affirme plus puissamment l'invisible ; non seulement ces marbres votifs n'anéantissent point l'âme, mais ils l'exagèrent, la divinisent: θεοῖς χθονίοις, aux dieux d'en dessous, dit l'Hellène ; *Diis Manibus*, écrit le Romain. Égale attestation d'une survivance, nuancée pour le Grec de l'adieu au soleil, si charmant chez les jeunes mourantes d'Euripide.

Parfois une chaîne reliant deux cœurs, et encadrée par les initiales votives : D. M., semble pressentir le précepte : « Ce que Dieu a uni, que « l'homme ne le sépare point ! » L'étrange, et qui prouve la distinction de la pensée classique, c'est que pas une des épitaphes ne soit banale. Les plus brèves saisissent par l'énoncé précis d'une destinée.

Pourtant qu'ils sont tristes, ces dieux d'en dessous, et qu'ils sont incertains ces dieux Mânes ! Comme on attend la grande lumière de vérité ! Enfin j'ai lu sur un marbre : *Pax æterna.* Monument de la « très douce et très innocente « Chrysogona, qui vécut trois années, deux mois, « vingt-sept jours. » Je doute que l'art puisse surpasser ce tombeau, où l'immense aurore de l'espoir chrétien se pose sur les délicatesses de la mentalité antique. Plus de dieux Mânes, mais, parmi les motifs helléniques encadrant la dédicace, il semble bien que cette tête ailée soit celle du Mercure conducteur des âmes. Tout le reste est chrétien. Et ce fut chez la mère et le père affligés une très attendrissante pensée, de représenter, en un admirable bas-relief, le Christ ressuscitant la fille de Jaïre. L'enfant se soulève accoudée ; lit, costume, coiffure, attitude, tout est grec. Phidias eût dérobé cette figure pour la frise du **Parthénon.**

Voici des stèles conjugales chrétiennes. Le temps de la vie totale n'y est plus compté, mais celui seul où les époux vécurent ensemble : « Ennius Pompeius Pascasiæ conjugi amantis- « simæ posuit sepulcrum, cum qua vixit annis « octo, mensibus novem, diebus duobus.» Ennius et Pascasia sont représentés à mi-corps, la main de la femme posée sur l'épaule du mari. Sépultures touchantes, devant lesquelles on s'indigne de l'égoïste tombeau de Châteaubriand. La même délicatesse d'espoir qui modelait la fille de Jaïre sur le cippe d'une enfant, sculpta sur l'une des stèles conjugales les Noces de Cana. D'autres monuments représentent le miracle de Jonas, le sacrifice d'Abraham, qui parlent de sépulture transitoire et de dilections restituées après l'épreuve.

Avant de quitter ces marbres religieux pour aborder le paganisme du Théâtre, rêvons devant le buste d'enfant dont nul n'a déchiffré l'énigme. Les prunelles prient, levées au ciel. Figure de petit ange, doucement grave, et qu'il semble qu'on ait connue.

*Arles, la ville si admirablement meublée
par deux empereurs.*

MÉRY.

Lorsqu'en 1902 le cirque Barnum parcourut la
France, une crue du Rhône préserva Arles de
cette profanation. Le culte de la Beauté peut
n'être pas compromis par la splendeur sanglante
d'une corrida ; il serait tué net par le déballage
de clowns et de monstres des ménagers améri-
cains.

Beaucoup plus dégradé que les Arènes, le
Théâtre nous sollicite bien davantage. Les
chœurs de Sophocle y résonnent sous les ruines.
Que les Romains courent aux gladiateurs et aux
tigres ; nous avons choisi d'être Hellènes.

Elles montent d'un jet idéal vers l'architrave
qui les relie, ces deux colonnes sœurs, épar-
gnées comme pour assister, au long des siècles,

à la dévastation de la gloire antique. Même pour les choses, le triste n'est pas de mourir, mais de survivre. On souhaiterait presque de voir gisants ces fûts précieux, que pourtant l'on n'oserait toucher du bout du doigt. Leur élégante solennité règne sur Arles.

Autour d'eux c'est le champ d'un soir de bataille, une jonchée de blancs carrares et de ces marbres polychromes nommés Brèche d'Afrique. Puis les lourdes pierres des Baux, entaillées pour les cordages du velarium. Sur ce marbre blanc de l'orchestre se promenaient les patriciens. Voici la loge de l'Imperator, la scène des musiciens, celle des artistes : ici allait et venait le chœur virginal des Choéphores. Là resplendissaient les statues des dieux. Seize mille citoyens d'Arelas emplissaient d'une rumeur de fête ces gradins, ces escaliers et les sombres couloirs d'accès, dont les voûtes pendent par blocs cimentés.

Je rêve à ce que fut l'âme de ce théâtre. Trop souvent la plèbe y dut acclamer les farces de Plaute. Même, la scène romaine finit par exhiber des spectacles de lupanar ; ceci, joint à la nécessité d'extirper l'idolâtrie, excuserait le métropolitain d'Arles, saint Hilaire, si c'est lui, et non le chef germain Chrocus, qui renversa les colonnes, brisa les effigies olympiennes. Le bien prévaut sur le vrai : un honnête adorateur de ces divinités sophistiquées surpassait un chrétien indigne ; mais le vrai à son tour domine le beau, et j'eusse sans hésitation, sinon sans tristesse, frappé, en détournant les yeux, ces marbres. Le théâtre demeure un art dyonisien ; un jour ou l'autre, le virus de cette satanique origine réapparaît. Oublions ce jour et, parce que la Providence peut faire concourir le mal aux réalisations du bien, évoquons sur cette scène l'immuable beauté du drame grec, le plus religieux et, par son mélange d'orchestration, le plus parfait qui fut jamais. Seul Wagner l'eût égalé, si, conservant la hiérarchie des genres, il eût fait de l'harmonie l'accessoire de la pensée ; il eût fixé une mentalité du Nord aussi totale que Sophocle et Eschyle ont exalté celle du Sud.

Une infériorité de Wagner plus irréparable est qu'il ne croit pas à ses dieux. Je ne prétends point qu'Euripide ait attribué à une divinité véritable les turlupinades de son Héraclès, ni même qu'Eschyle ait eu plus de foi en ses Océanides que Wagner en ses Walkyries ; mais, tandis que Wagner n'a recherché dans ses mythes qu'un symbolisme psychologique ou spirituel, élancé d'ailleurs jusqu'au sublime d'Yseult ou de Parsifal, les Tragiques grecs soupçonnaient la réalité métaphysique des grandes légendes. Leur religion de la pitié plonge dans la Révélation primitive. Écoutez comme les Erinnyes d'Eschyle parlent des rétributions posthumes et de l'équilibre moral : « Il nous plaît de chanter « en chœur le chant horrifique. Et nous nous « glorifions d'être justes. La Parque toute puis-

« sante m'a fait cette destinée, de suivre les cri-
« minels jusqu'à ce qu'ils soient descendus sous
« terre. Et, morts, ils ne sont pas délivrés de
« nous. Nos imprécations font la paix des dieux. »
De même que la théologie antique s'esquisse
dans le socratisme, l'éloquence sermonnaire
embouche alors le masque tragique devant les
foules frémissantes de terreur ou d'enthousiasme. Cette Providence qui, pour des peuples
artistes, avait confié le marbre blanc aux monts
de l'Attique et de l'Italie, n'abandonnait point
sans quelque direction de conscience les hommes
éloignés de la vérité centrale.

Je vis un jour, dans un hallier vendéen, un
hideux spectacle : une vipère rouge saccageait
une nichée de rossignols. Avant que le poison
du croc paralysât les petites ailes, la langue
d'abord les caressait. Image d'une suggestion
démoniaque. La Grèce eût tiré de là quelque
mythe. Elle confondait les vérités morales avec
les images destinées à nous les rendre sensibles.
Une autre cause du polythéisme fut l'absence
de synthèse sur la nature divine ; avec les
traits épars de la Divinité la poésie fit les dieux.
Trop sensés pour être athées et ne pas accueillir
les atomes crochus d'Épicure par l'éclat de
rire que mérite aujourd'hui le transformisme,
mais n'adorant point « en esprit et en vérité »,
les peuples aryens figurèrent l'éternité de Dieu
dans le mythe de Kronos, son unité d'Essence
dans le concept de Zeus père universel, sa

trinité de Personnes dans le terne d'Héré (la Force), d'Athéné (l'Intelligence issue du Père), d'Aphrodité (le Principe de fécondité) ; plus tard, le baalisme prostitua ces traditions primitives. Les attributs de l'Être initial furent symbolisés comme sa nature : Janus, c'est Dieu terrible aux méchants, miséricordieux aux justes ; Zeus pesant les destinées des mortels semble insinuer que la miséricorde est limitée par l'intégralité de justice qui équilibre le monde moral. Plusieurs légendes naturistes attestent la direction providentielle des énergies. Enfin un vaste apport mythique procède de la figuration de nos rapports spirituels avec Dieu et avec la création invisible. Chaque drame grec pourrait porter quelqu'un de ces sous-titres à la mode vers 1820 : Philoctète ou l'impiété punie ; Clytemnestre ou les suites de l'adultère ; l'Orestie ou la responsabilité collective ; Œdipe-roi ou la justice immanente. Euripide, qui regarde davantage du côté de l'homme, offre toute une psychologie transcendantale ; son Hécube fourmille de phénomènes télépathiques, et les Bacchantes de possessions démoniaques. Mais, au point de vue religieux, le Prométhée d'Eschyle domine tout ; il pourrait se sous-intituler : le Messianisme chez les Aryens. Nous l'avons connue mieux cette Victime, solidaire de sa créature coupable, et, pour apaiser la Justice, crucifiée sur un roc où la dévore le renaissant vautour de nos fautes. Il n'est pas trop, pour la consoler, du chœur des Océanides, filles de l'Amour.

Au delà d'Eschyle, Hésiode chante, avant Milton, le Paradis perdu. Plus loin qu'Hésiode c'est Orphée, que Ballanche, scrutant le « Chris- « tianisme antérieur », nous restitua. Le grand nom mystérieux de l'antique aède ne rappelle pas seulement que l'amour est vainqueur de la tombe et qu'il faut redemander les morts à l'avenir, non au passé ; mais aussi que la lyre seule civilisa les premiers hommes, la lyre où vibrait un hymne à Zeus. Chez Homère encore les hommes sont bien petits devant les dieux.

Aphrodite fut d'abord l'Anadyomène, l'amour issu des eaux. Les traditions iraniennes, la cosmogonie océanique de Thalès, la vérité révélée à Moïse reçoivent de la géologie cette confirmation que, pour notre planète, la vie débuta dans les mers. Et la vie naît de l'amour; la théologie transparaît jusqu'en l'hymne naturaliste de Lucrèce. Pensez-vous qu'un hasard mythologique ait donné pour emblème à Vénus cette colombe, par qui se manifesta aux yeux des hommes le Principe de la fécondité physique et de la spiritualisation des cœurs ?

Mais la décadence de la vérité religieuse vers le naturalisme, étape du satanisme, transforma l'initiale Anadyomène en une Aphrodite déesse de l'amorale Beauté, puis la confondit avec l'in-

fâme Astarté chananéenne. L'homme à ce point
profana le plus précieux des dons divins. La Vénus romaine apparaît un composé de ces successives Aphrodites ; la matrone et la courtisane lui
tressent les mêmes guirlandes.

Ce n'est pas l'espoir d'une étreinte
Qui nous touche en ce marbre dur.
La pierre, d'idéal empreinte,
Est la chaste sœur de l'azur.
                    SULLY-PRUDHOMME.

On dirait que le Ciel ait voulu nous restituer purifiées les plus dignes des Vénus antiques : elles nous sont parvenues sans leurs bras. Ainsi de la Vénus d'Arles, qu'une imbécile restauration, au temps de Boileau, a pourvue d'un miroir et d'une pomme. Ainsi de la Vénus de Milo, que tout de même l'on n'a pas osé bafouer de la sorte.

La Vénus d'Arles, découverte en 1651 dans le théâtre, fut transportée à Paris, ainsi que s'étiolent au British-Museum les métopes volées au Parthénon. L'on a daigné octroyer à Arles et à Athènes la fausse monnaie de moulages ; Paris et Londres eussent pu s'en contenter et laisser aux marbres le prestige de leur milieu.

Moins sublime d'élan chaste que l'œuvre de

Scopas, la Vénus d'Arles, plus humaine, exprime
la gravité de l'amour. C'est bien une Aphrodite,
et cette Aphrodite, qui devait survivre des dieux
au cœur de la Provence. Cependant elle atteste
une déchéance religieuse ; on ne sait trop ce
qu'elle regarde. La Vénus ionienne tendait encore
au ciel sans oser le contempler. Mais nous ne sau-
rons que par l'enthousiasme des Anciens le surnaturel des divinités de Phidias.

L'humaine Vénus d'Arles reste l'œuvre d'un
ciseau idéaliste. Elle n'offre point l'impudicité des
Vénus modernes. C'est que nos artistes n'ont, eux,
aucune excuse à représenter des Aphrodites; leur
acte est initialement impie. La Vénus en bronze
du jardin public à Avignon ne serait pas tolérée
dans une ville du Nord. Les Lavallois jetèrent à
la Mayenne, comme attentatoire au respect des
familles, un don de l'État beaucoup moins las-
cif. Louable révolte de la dignité chrétienne. En
revanche il ne se fût point trouvé dans le Midi un
groupe de jeunes noctambules capable de couvrir d'ordures, comme à Lorient, une statue de
Brizeux.

Religieux ou profane, l'art sollicite tout esprit
helléno-latin. Il règne d'ailleurs entre la mentalité artiste et les paysages méridionaux une merveilleuse affinité. Les peintres les plus idéalistes
de ces temps-ci, tels les Flandrin, préférèrent,
aussi bien que les réalistes, les lumineuses vallées du Dauphiné ou de la Provence, ces marches
de l'Italie.

Pour se convaincre que le Christianisme n'a nullement étouffé le sens esthétique, il n'est pas même besoin d'invoquer Fra Angelico ; il suffit de regarder dans les ruelles d'Avignon ou d'Arles les exquises et si variées statuettes qui protégeaient chaque logis. La langue populaire sous-entend, ainsi que Platon, la notion du bien dans celle du beau ; le Provençal nomme ses saints : *li santibelli.* Et, comme vite il saisit la caractéristique morale d'un être, il joint à cette notion de beauté, dans son culte à la Vierge-Mère, l'idée primordiale de pureté ; il dit à la Madone, en ses cantiques : *O bello Immaculado* !

L'esprit grec reçut initialement l'intuition de la
Beauté. L'esprit latin s'affina au contact de l'Hellas, mais garda une propension brutale, que dénoncent, en regard du Théâtre, les Arènes. L'aigle
des Césars déplaît, intact dans les ruines délicieuses si improprement appelées Théâtre romain. Cet aigle enserre une guirlande, et je ne
vois que la guirlande. Que font, sculptés ici, les
cuirasses, les boucliers de légionnaires? Elles
furent une florissante jeunesse grecque, ces
vingt-quatre colonnes corinthiennes, lisses ou
cannelées, que des mains pieuses ont couchées
dans leur blancheur. Les fleurs en marbre, les
rinceaux de feuilles d'acanthe, les oiseaux, les
lions, les petits génies, les découpures de frise
dorique s'entassent, qui suffiraient à la gloire
d'un Louvre. C'est une douleur de s'en arracher
pour gagner les Arènes.

Chaque qualité contient le germe d'un vice :

la virtuosité grecque sombra dans l'anarchie sociale ; l'énergie latine aboutit aux horreurs du Cirque.

Lorsqu'a grincé la grille d'accès aux Arènes, et que du haut des marches sous la voûte massive du couloir l'immense ovale est apparu, deux sensations saisissent : celle de la formidable puissance romaine et celle de la survivance des siècles sous ce soleil. Contraste avec la poésie des patries brumeuses où la vie elle-même fleure la tombe ! Les choses d'hier en Armorique semblent estompées dans la légende ; et c'est ce linceul des âges, tissu avec les floconnements d'un ciel gris, qui nous oppresse d'un si dolent charme à revoir les petites villes de Bretagne, leur granit bleuâtre, leurs boutiques dévotes, leurs ports vaseux sous de grands ormes. Cités assises à l'ombre de la mort, et aux noms fermés. Du Guesclin y paraît aussi mythologique que le roi Arthur.

Aux arènes d'Arles, à peine s'étonnerait-on de rencontrer Marius. Survienne la rutilance d'une corrida, l'on se sent presque menacé de l'alternative d'immoler aux dieux ou d'être jeté aux panthères lybiennes ; on écoute si l'Ave Cesar va retentir. La marche des légions apeure ; une solidarité s'éveille avec le vaincu d'Alésia, le remords d'avoir mentalement trahi la Gaule.

Ces arènes, les plus vastes après le Colysée, contenaient vingt-cinq mille spectateurs. Au-dessus de la piste et des larges gradins section-

nés par les vomitoria, soixante arcades dorées de
soleil découpent des cintres de ciel bleu. Les
esclaves y accrochaient le velarium, tandis que
chaque citoyen ou légionnaire, recevant du cu-
nearius une médaille de plomb, gagnait sa place
numérotée. Puis les trompettes éclatent, le pré-
sident des Jeux, préfet d'Arelas ou César, entre
parmi les aigles romaines. Un silence plane,
avant les pas d'un groupe de gladiateurs sur le
sable, ou le paresseux miaulement du premier
tigre.

Arles est alors la petite Rome des Gaules « gal-
« lula Roma ». La région qu'elle commande, la
Deuxième Narbonnaise, devient la province par
excellence, « Provincia ». Thermes, arènes,
théâtres et temples ornent les municipes. Les
arènes arlésiennes répondent au faste de la cité;
un aqueduc y amène l'eau pour les spectacles
nautiques. Elles datent de la colonie qui, l'an
46 avant l'ère chrétienne, accompagna le ques-
teur Tiberius Nero. Divers empereurs y célèbrent des jeux, Gallus et Volusien de somptueuses fêtes.

Arles profitait de la déchéance de Massilia,
privée de ses comptoirs et de sa flotte par César
pour avoir suivi le parti de Pompée. Résidence
occidentale de Constantin, Arles devancera Lug-
dunum comme métropole chrétienne des Gaules.
Constantin II l'érige en capitale de l'Empire
d'Occident. Constantin III, forcé dans ses murs
par Honorius, s'y fait ordonner prêtre pour es-

sayer d'éviter la mort. Honorius en fait la résidence des députés de toutes les Gaules.

Cependant les hordes germaniques continuent
de descendre. Avec Avitus, couronné dans cette
métropole en 455, et avec ses derniers successeurs, l'Empire longuement agonise. Les délicieuses villas sont saccagées, les municipes
emportés l'un après l'autre ; le bélier des Wisigoths d'Euric bat les murs d'Arles.

Oh ! ce déconcertant Midi, humanitaire et féroce, exécrable et charmant ! Point d'êtres individuellement plus ennemis de la cruauté que les Provençaux : la sévérité envers l'enfance les irrite, le seul mot de guerre les révolte. Mais, si le gouvernement tolérait un combat de gladiateurs, les arènes n'auraient pas une place vide.

Aujourd'hui la brutalité latine s'est réfugiée dans les corridas. La rutilance du spectacle, la disposition des gradins correspondent d'ailleurs aux deux penchants principaux des races classiques : l'ivresse de la couleur, la passion de l'égalité.

Un lancer de cerf, ce sport d'une poésie si différente et adapté à l'esprit féodaliste de l'Ouest, ne serait pas toléré au sud des Cévennes ; les paysans tueraient les chiens.

Le contraste d'un hallali et d'une corrida résume l'opposition du tempérament kymrique et du latin, le contraste du Moyen Age avec l'Antiquité. Un soir de novembre, sur quelque lande poitevine, aux bords perdus d'un étang triste où s'éloigne la plainte chevaleresque du cor, la curée aux flambeaux nous replonge au treizième siècle ; une corrida date des Césars. L'une ranime en nous le manant bercé par les contes de fées sous les créneaux du donjon seigneurial ; l'autre nous refait citoyen romain.

En définitive, la course de taureaux demeure un spectacle indigne de la Provence, et qu'elle devrait laisser aux matamores castillans et aux bretteurs gascons. Elle semble enfin le comprendre et préférer les représentations tragiques ou musicales de Béziers, d'Orange, parfois d'Arles. Il y aurait autant de poésie méridionale, et plus de dignité classique, à voir des ténors remplacer les torreros chamarrés qui, avant la course, paradent dans les rues d'Arles ou de Nîmes, envoyant des baisers aux dames. *Morituri te salutant.* Que l'un succombe sur la piste, voilà de l'enthousiasme et une désolation publique.

Elles attirent par leur joie solaire, en juin, sur les places flambantes, ces affiches multicolores, à titres espagnols, des corridas. Mais, plus rigoriste que les journaux religieux qui insèrent les annonces de quadrillas, je m'interdis la lumineuse extase d'un tel spectacle ; je sentirais trop sourdre dans l'arène le sang des martyrs.

Le martyrologe d'Arles a péri dans les incendies. A peine en survit-il, au martyrologe général, cinq ou six noms ; le plus célèbre est celui
de saint Genès, chanté par Prudence :

Teque, præpotens Arelas habebit,
Sancte Genesi.

Il ne faut pas le confondre avec Genès le Romain, patron des comédiens, lequel, bafouant
devant la cour de Dioclétien les rites baptismaux,
fut subitement pénétré par la grâce, et se proclama chrétien au milieu d'un rire approbatif qui
se changea en fureur à mesure que l'on comprit.
Le martyrologe de saint Jérôme fête au

26 août plusieurs Arlésiens : *VII Calendarum Septembris, Arelate, natalis* (jour de naissance au ciel) *sanctorum Severi, Victoris, Primi, et iterum Victoris.* De ces deux Victor, le plus fameux est l'évêque supplicié dans les arènes après le sac de la ville par Chrocus.

On croit que, dès Néron, l'église d'Arles compta quelques martyrs. Mais les grandes persécutions en Gaule datent de Marc-Aurèle et de Dèce. Lyon, Vienne puisèrent dans les tortures de sainte Blandine, de saint Pothin, du diacre Sanctus et de tant d'autres, un trésor de vitalité religieuse. Vers le même temps (205), expiraient en Afrique les saintes Félicité et Perpétue. La Provence posséda jusqu'à la Révolution le corps de la seconde, aujourd'hui relique insigne des Bénédictines de Paris. Nulle page plus attendrissante que les Actes très authentiques de ces jeunes Mauritaniennes. Le début fut rédigé par Félicité dans sa prison ; la fin, par un témoin du supplice. Perpétue allaitait son enfant et résistait aux larmes de son père, patricien idolâtre. Félicité accouchait dans la geôle, et, comme ses compagnons lui reprochaient ses cris : « Aujour- « d'hui, leur disait-elle, c'est moi qui souffre, « mais dans l'arène Jésus-Christ souffrira en « moi. » Nous la voyons, enveloppée d'un filet, livrée à une vache furieuse ; ses compagnons sont déchirés par des léopards. Et, avec une grâce inexprimable, les jeunes femmes s'entr'aident, se **tendent la main pour se relever. Lancée en l'air ·**

par la bête, Félicité rattache sa tunique, répingle la fibula de sa coiffure. Elle fut achevée par un gladiateur, et Perpétue dévorée par un lion.

C'étaient là de cléments supplices en comparaison du chevalet ou du gril. Mourir n'est rien, mais souffrir, souffrir cela ! A Lyon ce fut affreux, et dans tout l'Empire, jusqu'en Perse. Trois siècles durant, chaque chrétien vécut exposé à ces terrifiantes agonies.

Les Actes déplorent d'assez nombreuses apostasies. Certains manquaient de l'héroïque foi en l'assistance que Dieu procure à qui s'est offert à lui ; la plupart ensuite se repentaient, et l'Église leur pardonnait au prix d'une longue pénitence. Afin de l'abréger, ils demandaient aux martyrs survivants des billets d'intercession. Saint Cyprien en réglementa l'usage. Mais le prêtre Novatien, stoïcien converti, manifesta une austérité qui le mena jusqu'au schisme ; il refusait les sacrements à tous les renégats, qu'il excitait seulement à la pénitence intérieure. Il fut suivi par l'évêque d'Arles, Marcien.

Le dogme de la résurrection des corps est par-
ticulièrement cher au Midi ; une abstraite survivance ne suffit point à ces Grecs enthousiastes
de la forme, à ces Latins qui savent combien le
corps est associé à l'âme dans l'amour, et fina-
lement sublimé par lui. Le Méridional va d'ailleurs au bout de la logique, accepte ou rejette le
bloc des dogmes ; il ne méprise rien de ce que
Dieu daigna créer et peut transfigurer ; il comprend que l'homme doit renaître intégral, en
une ambiance nouvelle, après l'épuration de l'esprit et de la chair, temporairement dissociés.

L'Angleterre paraît le seul peuple septentrional où le culte des morts ressemble à celui
du Midi. Peuple positif, bien plus sentimental
qu'on ne le juge, et qui ne perd pas son temps,

comme l'Allemagne, aux songes creux de criticisme et aux fanfaronades de reître. Lorsque nous rechercherons quelque supériorité psychologique, nous la découvrirons presque toujours en Italie ou en Angleterre, et, pour la France, soit en Provence, soit en Bretagne.

Si l'on excepte au Père-Lachaise l'insurpassable Monument aux morts, le culte des défunts dans la France centrale, si froidement allégorique, ne peut rien opposer au *réalisme idéaliste* des tombeaux de Westminster ou d'un campo santo latin. Sur la mentalité des races interrogez leurs cimetières ; ils vivent plus que les villes. Un premier trait commun en terre anglaise et dans le Midi, c'est la prédominance de la stèle verticale sur la tombe allongée qui parle si peu de résurrection. Puis, au-dessous de l'universelle croix, qui supprime, elle, les divergences ethniques, l'Anglais et le Latin précisent de sublimes sentences, d'ordinaire empruntées à l'évangile johannique. Enfin, parce que « la douleur qui se « tait n'est pas toujours la vraie », ils aiment à sculpter les scènes de désolation familiale ou à perpétuer les attitudes du défunt, à symboliser son existence par quelque objet, tel à Westminster le marbre poignant des deux vaisseaux de Franklin pris dans les glaces.

La Provence reçut pour première éducatrice
cette Hellas où l'eurythmie des danses était religieuse et se fixa dans la sculpture. La seconde
formation de la sensibilité provençale revient à
l'Italie, où l'ardente et lumineuse foi, la fusion du
christianisme et de l'art débordaient de cellules
monastiques, que quelque Angelico, quelque
Giotto avait peintes. Mais l'influence grecque
prévalut, et le génie de la Provence s'affirme
surtout sculptural.

L'incompréhension des Valois a laissé dila-
pider les trésors que renfermaient les Alyscamps.
Sauf les sarcophages du musée lapidaire, Arles
fut totalement dépouillée au profit des collections européennes, ces prisons de l'art. La cons-
truction du chemin de fer a complété ce vanda-

lisme en détruisant les derniers champs de sépultures. Il ne subsiste qu'une allée de tombeaux frustes, et les sépulcres environnant les chapelles. Ceux-ci datent du Moyen Age ; l'Antiquité païenne et le naissant christianisme d'Arelas ne sont plus attestés ici que par les ruines du temple de Jupiter et par le charmant campanile octogone, à deux rangs de baies cintrées, qui surmonte l'église byzantine de Saint-Honorat.

Sous une nuit bleue, où parmi l'armée des étoiles la lune redevient Phœbé, les noirs cierges des cyprès et l'avenue de blanches tombes enchantent par d'indécises rêveries et par la sensation de l'espoir chrétien auréolant les délicates voluptés de la Grèce. Les vers luisants d'un conte de Shakespeare diamantent l'herbe où, sous les grenadiers en fleurs, miroitent de précieux marbres, corniches et fragments sculpturaux tombés du temple. Au fond d'un oratoire roman on a placé le cercueil d'une Arlésienne morte le soir de ses noces, d'après l'épitaphe vieille de seize siècles. Un jour, parmi les frêles ossements j'avisai un cadavre de fauvette ; le gardien m'expliqua qu'une petite Provençale, ayant trouvé l'oiseau sur le sol, lui avait dit: « Si « nous le mettions sur le cercueil de la jeune « fille? » Voilà de ces traits méridionaux qui ont ravi et transformé l'âme de Stendhal. La fillette m'a moins touché que la gravité du brave homme à accueillir sa demande.

Il y a bien longtemps que ce pays aime. Ces

tombes géminées l'attestent, où, pour moins sé-
parer deux corps que Dieu fiança, la cloison intermédiaire s'arrête à mi-hauteur, ménage un
vide commun sous le couvercle. Ces sépultures
conjugales abondent, principalement dans un
enclos qu'abritent les maçonneries romaines du
temple jovien et celles de l'église, la demeure de
Dieu voilé et celle de Dieu connu. J'avais compris au musée lapidaire la valeur spirituelle des
rites, même païens, du mariage, par la stupeur
où nous jettent les emblèmes de l'immortalité
sculptés sur le cippe d'une courtisane par son
amant.

Le Moyen Age est représenté aux Alyscamps
par les radiures bizarres de croix mérovingiennes
et par l'équerre gravée sur les tombes de tem-
pliers. Plus tard, la sombre voix de Dante viendra
chanter ces lieux funèbres. La chapelle et l'ar-
ceau de l'allée furent élevés en 1520 par le baron
de Beaujeu à la mémoire d'Accorse de la Tour,
qu'il avait tué en duel. Le christianisme éveillait
de tels remords en ces âmes violentes. Mais dé-
tournons les yeux vers les martyrs et vers la civilisation antique.

*Là, ce vieux mot de classique reprend sa
pleine et haute valeur de noblesse. Il ne signifie plus l'artifice vide et la convention
sans sincérité.*

Paul BOURGET.

Elysii campi, Alyscamps. Quinze siècles, les
plus solennels puisqu'ils virent l'apogée de Rome
et la rénovation spirituelle du monde, avaient
élargi la cité des morts. Qui la parcourait au
Moyen Age pouvait dire, mieux qu'aujourd'hui
M. Lenthéric, l'auteur de *La Grèce et l'Orient en
Provence*, que « pour l'archéologue et l'épigra-
« phiste, Arles est un musée en plein air ». Par
milliers l'on rencontrait les urnes contenant des
cendres gauloises, grecques, romaines, les sépulcres de martyrs, d'officiers impériaux, et ceux
des magistrats de l'Arlésie, devenue un royaume
carolingien. La nécropole renfermait plus de
trente chapelles ; en 1720 on élevait encore celle
où reposent les restes des prêtres et des consuls,

héroïques victimes de la peste. Le musée lapidaire s'est enrichi de bronzes et de bijoux recueillis dans les sépultures primitives.

Au VIIe siècle avant notre ère, ces champs étaient pour les Ligures une île sainte, entourée d'étangs qui donnèrent à la ville son nom celtique : *Ar-lath* (au milieu des eaux). Déjà la puissante corporation des utriculaires sillonnait de barques, portées sur des outres, les lagunes. Puis le peuple tyrien, que la mythologie personnifia en Héraclès, envahit ces rives du Rhône. Quelque terrible choc dut ensanglanter la Crau caillouteuse, pour que survivent encore les légendes qui inspirèrent à Eschyle ces vers du Prométhée Délivré : « Tu arriveras, ô Hercule, « en des lieux battus par Borée ; prends garde « que la violence de ce vent ne t'enlève du sol. « Là tu rencontreras les belliqueux Ligures ; « mais quand tes flèches seront épuisées, Zeus « sera touché ; il couvrira le ciel de nuages et « fera grêler des pierres rondes sur l'armée des « Ligures. »

De plus grandioses destinées auréoleront le monticule de Moulcirès et sa ceinture d'eaux dormantes. Pline pourra écrire : « Italia verius « quam Provincia. » Arles parlera le grec d'Athènes, le latin de Rome. Du réseau gigantesque des voies romaines en Gaule elle sera le nœud. A travers les étangs Marius creuse un canal jusqu'à la mer. César, reconnaissant du secours militaire et nautique fourni contre Marseille, caserne à Arles six mille vétérans, que commande le père de Tibère ; cette colonie légionnaire prend pour emblème un lion. Auguste, allant présider dans Narbonne la députation générale des tribus gauloises, s'enthousiasme d'Arelas, y revient séjourner deux années, l'orne d'un palais prétorial, d'un temple au vent Circius (le mistral), d'un panthéon, de thermes, de temples à Diane, Cérès, Minerve, auxquels le municipe en ajoutera un plus tard à la divinité d'Auguste : tel est alors l'abaissement religieux.

Une formidable puissance militaire s'organise dans la capitale de la Deuxième Narbonnaise. Annibal avait dû contourner ses murs. Marius s'y appuyait en ses expéditions contre les Cimbres, et César y reprend pied sans cesse durant sa conquête de la Celtique, prélude nécessaire d'une résistance aux invasions d'Outre-Rhin. Napoléon renversera les rôles, conquerra par la France l'Italie ; mais l'un et l'autre auront eu la même pensée, la seule vue civilisatrice, une alliance celto-latine contre les Germains et les Slaves. La corruption du Bas-Empire et celle de notre Second Empire stérilisèrent l'œuvre de ces grands hommes ; la vitalité morale des Barbares a prévalu pour un temps, dont le réveil de l'Italie, son retour vers la France, paraissent aujourd'hui marquer la fin.

Les éléments de l'histoire intérieure d'un peuple sont plus difficilement analysables. A la direction providentielle des énergies, en conflit avec la liberté individuelle, s'ajoute le déterminisme ethnique. Je diviserais, au point de vue sociologique, les races françaises en deux groupes : la féodalité des Kymris et des Francs, la démocratie des Helléno-latins et des Gaëls. La kymrique Vendée toujours suivra ses capitaines de paroisse, élira comme députés ses chefs de clan. La Provence nomme encore des tribuns du peuple. La France centrale, exclusivement gaélique, guillotina sa noblesse après avoir jadis brûlé ses brenns. A certaines époques, aux Croisades ou en 1806, l'enthousiasme religieux ou national paraît abolir ces divergences ethniques ; elles subsistent latentes, et rejailliront.

Les armées de la Révolution eurent la même âme que les légionnaires peints par Tacite. J'aime cette âme pour sa compréhension du devoir et sa bonté grave. Ce ne fut pas l'égoïsme d'un point d'honneur, mais le sens de la civilisation ou de la patrie qui enfonça dans la Thuringe les soldats de Germanicus, et qui retint dans les glaces de la Bérésina nos pontonniers.

Le Créateur dirige le fil de ces marionnettes
diversement bariolées, les races. Il améliore les
barbares par les civilisés; il châtie les civilisés
par les barbares. Ainsi se réalise, à travers les
catastrophes politiques et les luttes individuelles
du libre arbitre, un idéal historique, véhicule des
développements de la vérité religieuse. Bon centre que les Alyscamps pour observer cette loi.

Un soir du premier siècle, parmi les confréries
païennes des morts, un prédicant de la nouvelle
doctrine qui exaspère toutes les oligarchies de
pharisiens, se glisse entre les stèles jusqu'à la
rive plate des étangs. C'est Trophime, Grec d'É-
phèse et l'ami de Paul. Il vient seul renverser
les dieux. Contre le Mithra des danses lascives et
le Teutatès des holocaustes humains, contre les
temples fastueux des Olympiens, il n'a pour
armes que son bâton de voyageur et une parole
de vérité. Il a entendu dans la Judée le Verbe

fait Homme; il connaît Lazare qui ressuscita du sépulcre, et Madeleine qui ressuscita du péché. Celui qui créa les mondes agit dans son geste; hier, l'un de ses compagnons, qui va évangéliser Narbonne, rappelait à la vie par une prière un pilote noyé au Rhône; la rumeur s'en est répandue dans Arles, on recherche l'ermite des Alyscamps pour le persécuter ou pour savoir. Au théâtre, aux arènes, aux bains, au seuil des temples, l'inquiétude ou l'espoir murmurent le nom du Christ. Mais il survient de plus importantes nouvelles : une victoire sur les Armoricains, des Jeux, l'arrivage de blé d'Afrique. Alors, sur les lagunes, d'île en île, vers Castellet ou Montmajour, Trophime peut évangéliser les naviculaires, comme son Maître parlait aux pêcheurs de Tibériade. Il leur apprend le nom du Dieu qu'ils aimaient. Les nuits, tous secrètement s'assemblent pour célébrer les saints mystères, parmi les sarcophages des Alyscamps. Le missionnaire dédie un petit oratoire « à la Vierge encore vivante ».

Cependant la lumière ne doit pas demeurer sous le boisseau. Pour un sacrifice solennel des calendes de Mai, les cités voisines sont accourues dans Arelas. Près de la porte de Rome, entre le théâtre et le temple d'Artémise, les magistrats urbains, le gouverneur de la Narbonnaise, les tribuns de la légion entourent un autel élevé sur deux colonnettes; les prêtres attendent les victimes : trois enfants. Soudain de la foule un plébéien s'élance; dominant le cri : « au sacrilège ! »

Trophime abrite les pauvres petits, implore pitié. Il dit le sang plus pur et méritoire qui vient de couler pour tous les hommes. Il parle ; le Ciel persuade ou terrorise les cœurs. L'autel est renversé, l'idole brisée ; les prêtres fuient, des voix demandent le baptême. Le préfet du prétoire se tait ; la Grâce l'avait touché. Prudent pour lui-même et pour ses nouveaux frères, il se fait initier en secret. Dès lors les mystères sont célébrés dans une dépendance du palais prétorial ; là un oratoire est dédié à Etienne, premier martyr, dont Trophime apportait d'Asie le chef, désormais relique insigne de l'Église d'Arles.

La suite de la conversion de la Provence nous est moins certainement connue. Le plus sage serait d'accueillir la plupart des traditions liturgiques. Il est historiquement très probable que saint Paul séjourna dans Arles, en partant pour sa mission d'Espagne, qu'attestent saint Jérôme et plusieurs Pères. Sa liaison avec Trophime, la direction des voies romaines, imposaient à l'Apôtre l'étape des Alyscamps. La tradition perpétua le souvenir d'un oratoire édifié sur la voie Aurélienne, au lieu de la rencontre de Paul et de Trophime ; la rue où logea l'Apôtre s'appela rue Saint-Paul. Ici, quelles paroles, grosses de la sanctification du monde, furent échangées ?

La foi aime à croire davantage, et que vraiment, lorsque les sept missionnaires de la Gaule déclinaient l'honneur de bénir le premier sanctuaire des Alycamps, le Christ lui-même apparut pour consacrer cette place où confine à la conversion de l'Antiquité celle des peuples neufs. Sur le roc où Il s'était agenouillé laissant son empreinte, Trophime édifia l'autel longtemps conservé dans la chapelle de la Genouillade.

L'Église naissante respecta le christianisme virtuel des anciens cultes ; elle n'en exécra que le satanisme. La croyance à l'immortalité était demeurée le legs le plus intact de la Révélation primitive; la croix commença de veiller, aux Alyscamps, sur des morts qui ne l'avaient pas connue. Même, de touchants rites payens furent sanctifiés : à Lyon, à Vienne, dans tous les municipes du Rhône supérieur, les fidèles placèrent dans la bouche de leurs défunts quelque monnaie destinée à solder, non plus le passage du Styx, mais les frais d'une sépulture en la terre privilégiée des Alyscamps. On attachait sur un radeau ces corps, et ils dérivaient au cours du fleuve. Des mains pieuses, la protection divine les guidaient en ce dernier voyage, et les confréries chrétiennes, héritières des confréries payennes, les recueillaient.

Paul BOURGET.

Une même forme peut traduire de très différentes pensées. Si vous écoutez le pas des légions, si vous lisez les Pères d'Occident, si vous ouvrez un roman de Zola, vous retrouvez la sensation de puissance massive, commune aux productions du génie latin. Comme les arcades des Arènes, l'abside du palais de Constantin semble bâtie *in æternum.* Il y a bien dans cette pesanteur et dans la tristesse du cintre une attraction matérialiste. Les Pères latins n'atteignirent jamais autant que les Grecs à une intuition large de la vie divine dans les âmes ; leur vol, quoique surnaturalisé, reste lourd ; il leur faut un effort de foi pour comprendre l'amour divin ; le germe du Jansénisme, celui de l'Inquisition sont en eux. L'âme inquiète d'Augustin, le grand cœur d'Ambroise, le génie encyclopédique de Thomas d'Aquin, se débattent avec violence contre le déterminisme de leur race ; ils en triomphent, mais vous heurterez çà et là dans leurs écrits les morts de cette bataille. Il fallait sans doute au dur Moyen Age un corset de fer pour monter à l'assaut de la vérité ; l'aile de Platon n'eût pu soulever du sol les Wisigoths et les Huns. La vague des invasions a roulé comme galets dans le théâtre les graciles colonnes grecques, tandis que le roc du palais constantinien continuait d'abriter les chefs barbares et les rois d'Arles.

Ce palais avait été aussi une citadelle de l'orthodoxie, le siège des grands conciles du ive siècle contre les pullulantes hérésies, après que l'Église, sortie des Alyscamps puis des Arènes, n'eut désormais à combattre que ses fils. Cependant la cour s'y préparait pour Byzance. Certes, on ne devait plus revoir un empereur aussi modéré que Trajan célébrer une victoire sur les Daces par l'égorgement de dix mille gladiateurs ; le Christianisme avait transformé la société, mais sans abolir les luttes individuelles du libre arbitre. Ces murs très fermés, à l'orientale, cachèrent les voluptés, les intrigues, les crimes des filles de Messaline et des mères de Théodora ; la brique des cintres a un air de sang.

Arles compta sous les empereurs cent mille citoyens. Les villas débordaient l'enceinte, franchissaient le Rhône. La cité demeure jonchée d'épaves de la civilisation constantinienne. La Major ne fut dépouillée de ses tombeaux, de ses colonnes en porphyre, que sous Charles IX ; ce roi, qui annonçait l'évangile à coups d'arquebuse, manifesta autant d'intelligence en esthétique qu'en religion. Sur la place du Forum, les deux pilastres subsistants portaient jadis une dédicace de bronze à Constantin. L'on a retrouvé plusieurs colonnes canelées et une arcade du prétoire basilical. Le palais descendait du forum jusqu'au fleuve, avec ses salles somptueuses, ses fontaines jaillissantes, ses portiques.

Arles est l'étape impériale entre Rome et Byzance. Le christianisme a mal dépouillé encore la chrysalide sociale du paganisme ; civilisation composite : les évêques des conciles s'affligent de rencontrer des esclaves ; la jurisprudence coudoie les histrions ; les muses de l'Ilissus soupirent aux roseaux camargues leur chant du cygne, tandis que les princes écartèlent dans leurs conspirations militaires l'Occident et l'Orient.

Devise du L_{ABARUM}.

Eusèbe, qui tenait de l'empereur lui-même le récit de sa vision du Labarum, indique que Constantin l'eut dans les Gaules. Une tradition place aux Alyscamps ce prodige qui convertit officiellement l'Empire ; Nicéphore la certifie, et la présence de la cour à Arles, la fréquence du Labarum sur les tombeaux des Alyscamps augmentent la probabilité.

Les mérites individuels sont souvent récompensés dans les fils. Le père de Constantin, Constance Chlore, grande âme payenne, avait établi la tolérance religieuse. Constantin agit à l'égard des idolâtres avec une charité évangélique et une prudence romaine ; il s'abstint désormais d'invoquer les dieux, mais sauvegarda leurs temples. Néanmoins, l'édit de Milan créa un privilège pour les chrétiens, et la munificence impériale fut acquise aux autels du vrai Dieu. Deux basiliques remplacèrent les oratoires de Trophime. En même temps, la moralité de la législation s'épure, la pénalité s'adoucit ; plusieurs lois constantiniennes, notamment celles relatives aux appels, sont datées d'Arles.

Cependant l'empereur chrétien ne resta pas plus impeccable que David. A vrai dire, les conspirations domestiques provoquèrent sa rigueur. Maximien, son beau-père, pour prix de ses bienfaits, s'empare du pouvoir à Arles, tandis qu'il repousse les Francs sur le Rhin. Constantin assiège le traître dans Marseille, lui enlève la pourpre. Mais Maximien conseille à Fausta d'assassiner son époux ; Fausta feint de promettre et avertit l'empereur, qui ne laisse à son beau-père que le choix du genre de mort. Plus tard, sur de calomnieux bruits, Constantin terrorise Rome, fait étouffer Fausta dans un bain, empoisonner son fils Crispus, et persécute le pape saint Sylvestre. Le remords de ces atrocités éloignera de Rome l'empereur.

Il s'y jugeait, au reste, un intrus ; le sens catholique l'avertissait que Rome appartient aux successeurs de Pierre. Aussi ne quittera-t-il Arles que pour Byzance. Ce qui l'avait séduit d'Arelas, lorsqu'avec sainte Hélène et Fausta il y fixait le trône impérial, c'était la position d'une métropole régnant sur le Rhône et la mer ; centre de toutes les voies de l'Espagne, **des Gaules et de l'Italie, elle surveillait au nord** les Germains. Il finit par s'éprendre de cette cité, dont la magique séduction survit à ses grandeurs ; il appela l'enfant né dans ses murs Constantinus Arelas. Cette ville morte, et pis que morte, profanée, après les Vandales, par une démagogie imbécile, a commandé jadis aux quatre régions de la Gaule, à l'Espagne, à la Germanie, à l'Angleterre, à la Mauritanie Tingitane : tel fut l'empire constantinien. Les monnaies impériales d'Arelas portent, avec l'effigie de Constantin, divers emblèmes du paganisme réduits à une signification symbolique : corne d'abondance, globe de victoire, ou le soleil. À la mort de Constantin, le municipe lui érigea un arc triomphal et grava sur une médaille sa tête voilée, le lion arlésien, la légende : *Memoriæ æternæ*, et les initiales P. A. (*percussa Arelate*, ou, selon d'autres, *prima arelatensis*, numéro de l'atelier de frappe).

La cour avait quitté les Gaules après les fêtes décennales de 316. Il importait de faire front sur le Bosphore aux Huns et aux Sarmates. D'ailleurs, la mort de Licinius ayant réuni l'Orient à l'Occident, Arles cessait d'être le centre de l'Empire. Elle demeura métropole de l'Occident avec Trèves, et résidence effective du préfet.

En cette année 316, naissait d'un tribun militaire de la Pannonie l'enfant qui serait saint Martin et évangéliserait la Gaule chevelue. Je **le regarde descendre les grèves de Loire, arrêter** sa barque à la pointe d'une île andégave, briser du geste, aux yeux d'une peuplade soudain convertie, l'idole d'Hésus, et, le soir venu, sous les léards du fleuve devant les traînées de crépuscule, discuter avec le druide sur la véritable nature de Dieu, jusqu'à l'heure où ce vieillard le quitta sans haine pour s'enfoncer aux forêts des Mauges et y survivre à son culte.

Vers ce temps naissait d'Ambrosius, préfet des Gaules, le futur évêque de Milan. Arles et Trèves se disputent l'honneur d'avoir donné à l'Église saint Ambroise. On conte de lui, comme de Platon, qu'un essaim d'abeilles voleta sur ses jeunes lèvres. J'admire moins le docteur, l'auteur du *Te Deum* et du rite Ambroisien, que le prélat défenseur des peuples, qui interdit à Théodose meurtrier l'accès du sanctuaire. Jours heureux, où le devoir de l'Église était du côté des petits !

On peut se demander si vraiment ces mots : civilisation classique correspondent à quelque réalité, quand on voit l'héritage de Constantin susciter les mêmes crimes que celui des Mérovingiens : deux enfants égorgés à l'instigation probable de leurs oncles, les autres cachés à grand-peine par l'évêque d'Aréthuse. L'un deviendra Julien l'Apostat. Puis Constantin II succombe dans la lutte contre Constant, son frère ; Arles, qui l'aimait, lui fit aux Alyscamps de somptueuses funérailles ; on lui attribue le tombeau qui représente le baptême du Christ et Moïse frappant le rocher d'Horeb. Son oraison funèbre a survécu, en grec, alors langue officielle des municipes rhodaniens. Après lui commence la déchéance d'Arles, qui a l'honneur d'être répudiée par l'Apostat. En 353, Constance y célèbre encore, par le dernier combat de gladiateurs, sa victoire sur Magnence. Constantin III y est reçu en triomphateur, proclamé Auguste, et y rétablit le siège de l'empire d'Occident, jusqu'à ce que la place soit emportée par un général d'Honorius. Lutèce, où Julien avait fixé son trône éphémère, reprend alors le pas sur Arles. Mais déjà la Gaule se désagrège en royaumes francks.

Une restauration intellectuelle du paganisme
ne pouvait aboutir qu'au blasphème désespéré
de Julien mourant. Mais le Christ avait prédit
que de faux prophètes, vêtus en• pasteurs, éga-
reraient beaucoup d'âmes. L'un des plus ter-
ribles hérésiarques fut Arius. Après quinze
siècles, le virus naturaliste de sa doctrine laisse
dans le Midi des traces égales à celles que l'hérésie inverse, le Jansénisme, perpétue depuis
deux cents ans dans l'Ouest ; le poison d'Arius
reparut sous le déisme albigeois ; l'aigre levain
de Port-Royal subsiste dans la « petite Église »
de Vendée.

Les germes moraux rencontrent, comme les
microbes, leur terrain de culture ; le Jansénisme
n'avait pu s'acclimater au Midi, où il s'était appelé Prédestinatisme ; les conciles d'Orange et
d'Arles suffirent pour l'extirper.

Mais l'Arianisme, hérésie contre les transcen-
dances de la foi, séduisait trop ce Midi sensua-

liste et indiscipliné. Les conciles n'eussent rien
pu sans les Barbares, qui furent vraiment le
« fléau de Dieu ». Il fallut leur violence de mistral pour balayer les sophismes du Bas-Empire.
C'étaient des âmes forgées à neuf, d'une foi
intégrale quand leurs chefs avaient accepté le
baptême ; sans cela d'une terrifiante sauvagerie.
Grands Germains blonds aux yeux de porce-
laine, petits Slaves aux têtes rondes, ils galo-
paient par cent mille sur les municipes. Là des
femmes destinées au viol, des soldats promis à
la torture, suppliaient Dieu d'oublier leurs fautes
ou roidissaient tremblants les câbles des cata-
pultes. La ville emportée, il restait des toits
fumants, un silence de charnier. Le seul rempart contre ces hordes était la sainteté ; elles
s'arrêtaient à la voix du Maître dont elles-
mêmes se proclamaient le fouet expiatoire ;
Attila s'humiliait devant Geneviève, devant
l'évêque de Troyes, devant saint Léon.

Quelle fut la mentalité de ces sauvages de la
Thuringe et du Caucase ? On ne peut les juger
sur leurs actes collectifs ; Rome elle-même cru-
cifiait jadis ses prisonniers. Avant le Christianisme les rapports internationaux sont partout
atroces. L'Empire parla des Barbares un peu
comme la Convention parla des Brigands. Tacite, en revanche, idéalise trop les Germains.
César donne sur les Gaulois la note exacte.
Les Francks, chevaleresques, poétiques, féroces,
durent ressembler aux Peaux-Rouges de Cooper.

Ces hordes contenaient évidemment, comme toute agglomération, des cœurs pervers et des âmes justes. A distance une généralisation trompe. D'ailleurs la rhétorique grecque, la terreur gallo-romaine ont peut-être exagéré certaines atrocités. Après qu'une ville a été massacrée deux ou trois fois, on s'étonne de la retrouver toujours peuplée. Arles, saccagée par toutes sortes d'envahisseurs, a gardé du sang grec et latin. La leçon n'en demeurait pas moins terrible, et les survivants s'agenouillaient, enfants châtiés, aux pieds des évêques, surtout lorsque ceux-ci avaient mérité le noble titre, fréquent dans les chroniques, de *Defensor civitatis*.

Je n'ai point contemplé sans amertume les myrtes de la Narbonnaise foulés par les cavaliers des steppes. Mais il n'y a d'épouvantable que la réprobation définitive de l'âme ; la vie n'a point son but en elle-même, et, après la loi d'amour, la meilleure est celle de la terrestre expiation. Qui méprise le prêtre subit le soldat.

Le concile de Nicée n'avait pu étouffer l'arianisme, auquel les empereurs prêtèrent appui. En Occident il ravagea surtout les provinces romaines. Un conciliabule d'hérétiques se tint à Arles, en 353, à l'instigation de l'évêque arien. La discorde s'accentua jusqu'au concile de Valence, en 374, où de saints prélats restaurèrent la foi et la discipline ecclésiastique.

Parmi les nombreux conciles tenus à Arles,

les principaux datent de 314, de 442 et de 451. Le premier, convoqué à la demande de Constantin, rassembla presque tous les prélats de l'Empire ; la Grande-Bretagne, la Germanie, l'Espagne elles-mêmes, à peine évangélisées, déléguèrent les évêques de Colchester, de Londres, d'York, de Cologne, de Trèves, de Mérida, de Grenade, de Tarragone, de Sarragosse ; la Gaule députait, outre ceux de la Province, les évêques de Reims, d'Autun, de Rouen, de Lyon, de Mende, de Toulouse, de Bordeaux. Le pape accrédita les prêtres Claudius et Vitus, les diacres Eugène et Cyriaque ; il décerna la présidence au métropolitain d'Arles, saint Marin. Ce fut, dit saint Augustin, un concile de tout l'univers. Il condamna les Donatistes, déclara valides le baptême et l'ordre conférés par des hérétiques, et proclama l'autorité dogmatique du Saint-Siège.

La juridiction ecclésiastique d'Arelas s'était accrue avec sa prépondérance politique. En 417, le pape saint Zozime répond à une réclamation de l'évêque de Narbonne : « Les anciennes « traditions ont reconnu à l'évêque d'Arles le « droit de présider les ordinations, non seule- « ment dans la Viennoise, mais dans l'une et « l'autre Narbonnaise. » A partir du Ve siècle, le métropolitain juge en appel toutes les causes canoniques des Gaules, et délivre les autorisations pour se rendre à Rome.

L'empereur Honorius écrivait alors au pré-

fet : « Le choix que nous avons fait d'Arles ajou-
« tera un charme aux assemblées des sept pro-
« vinces gauloises. Cette ville est dans une
« situation si heureuse, le commerce y est si flo-
« rissant, les étrangers si nombreux, qu'on y
« trouve réunies les productions de toutes les
« contrées. On y arrive avec la voile, la rame ou
« les chars, par terre, par mer et sur le fleuve. »

L'ambition mena à l'hérésie plusieurs métropolitains. En revanche que de saints prélats !
Trophime, premier apôtre de la Gaule ; Denis,
le futur martyr de Lutèce ; Régulus, disciple
grec de saint Jean ; Victor, supplicié par Chrocus ; Marin, qui construisit les basiliques constantiniennes ; César, qui perfectionna la liturgie ;
Hilaire d'Arles, qui travailla de ses mains pour
les pauvres, instruisit les pâtres camargues, et
que les juifs pleurèrent comme les chrétiens ;
Eon, Aurélien, Virgile, Concorde, Honorat qui
adoucit les Barbares et garda la nostalgie du
cloître.

Mieux sous la crosse que sous l'épée.

Devise du Moyen Age.

Voici les siècles noirs, et la nuit semble étreindre le Midi lui-même, quand on lit en quelque histoire d'Arles : « Les Ostrogoths cèdent la « Provence aux Francks. — Peste de cinquante-« deux ans. » Dans le Nord, le cri du gerfaut seigneurial répond des créneaux à l'appel perdu de l'oubliette. Les barbares persistent sous les preux ; leur énergie sociale va préparer des successeurs au patriciat efféminé ; mais sans l'évangile leur carapace de fer resterait aussi impénétrable à la pitié qu'aux flèches du manant. La Providence les arrache à leur donjon, aux embuscades féodales, leur fait crier : « Montjoye ! Saint-Denis ! » fonder la France. Relisez bien la *Chanson de Roland* : les grandes paroles qui la traversent sont chrétiennes.

Descendus de leur enthousiasme chevaleresque ou de leur prière, que ces esprits sont encore rudes, inaptes à ce qui n'est ni chasse ni tournoi ! Et qu'il fait bon fuir, loin de leurs ripailles violentes, vers un moustier, pour retrouver la quiétude et la pensée !

Avant que le XVe siècle ne se débatte contre la féodalité pour établir la monarchie nationale, et que nous ne luttions aujourd'hui contre la ploutocratie pour perfectionner la société chrétienne, les royautés régionales du VIIe siècle, Aquitaine, Austrasie, Neustrie, s'organisent dans le désordre des crimes mérovingiens. Sous les Carolingiens, un royaume d'Arles se taille dans l'empire démembré de Charlemagne. Plus tard, le titre de roi d'Arles passera aux empereurs germaniques, dont plusieurs se feront sacrer à Saint-Trophime. Le pape Urbain II y prêchera la croisade.

L'an 1001 s'était ouvert sans qu'eût éclaté la trompette de l'archange. Quiconque survivait des pestes et des famines aspirait de toute l'âme l'amour divin. Aux interprétations de l'Apocalypse par la peur, qui du moins avaient maté les leudes, succédait un chant de fête vers Dieu clément. La France, dit le chroniqueur, se tissait une blanche robe d'églises. Le cloître de Saint-Trophime en fut la dentelle.

Cette frange enchanteresse circonscrit un cimetière carré de religieux. Dans un décor qu'eût aimé Phidias, les archevêques et les cha-

noines d'Arles s'entretinrent de l'immortalité
autour des morts. L'âme y retrouve aujourd'hui
un harmonieux délice de christianisme et d'art
ancien, au lieu que le préau militaire et trop
élégant du mont Saint-Michel éveille une illo-
gique sensation de promenade monacale, de
guet sur une mer hostile, et d'Alhambra.

Après que les reliques de Trophime eurent
été transférées des Alyscamps dans la basilique
édifiée sous son vocable, le cloître contigu commença à s'orner de ces exquises colonnettes en
marbre blanc, dont les fûts et les chapiteaux
résument les scènes de l'Écriture. Le sens artiste, l'ardente piété du Midi parachevèrent
durant tout le Moyen Age cette merveille unique
en France. Mais la partie romane surpasse fort
le reste ; le ciseau frissonne plus proche des
statuaires ioniens et des martyrs. Le xie siècle
sculpta la galerie du nord ; le xiie, celle de
l'est ; le xive celle du sud ; la Renaissance, celle
de l'ouest.

Vraiment l'histoire humaine est ici représentée, depuis les scènes patriarcales jusqu'aux
armoiries des gouverneurs sous Louis XIV.
L'aigle allemande évoque le sacre de Frédéric
Barberousse, parmi les statues d'apôtres et la
profusion des frises grecques, des médaillons
Renaissance, des chapiteaux si pieux, si déli-
cats, si accablants pour l'art roman du Nord, où
d'ignobles facéties grimacent à chaque pilier.

A l'entre-deux des colonnettes géminées un

raffinement de conscience esthétique cisela tels groupes que le promeneur ne pouvait apercevoir. Phidias travaillait de même ; le trompe-l'œil de notre décoration moderne en peut rougir.

Une sieste délicieuse se prolongerait dans la fraîcheur de ce cloître. Le préau central s'ouvre sous la grande clarté bleue du ciel profond, sous le bain de soleil qui a recuit les tuiles rousses, doré les pierres de la charmante tour rectangulaire à quatre étages décroissants de baies cintrées.

La profusion artistique de Saint-Trophime et de ses dépendances canoniales atteste le long repos de l'Église entre l'ère des persécutions et les ténèbres morales du xviiie siècle. Le Moyen Age compta trop d'inquisiteurs, trop peu d'apôtres ; ici du moins le clergé utilisa la paix victorieuse pour vivifier dans le marbre la parole divine, l'enfoncer au cœur de populations qui comprennent mieux la pierre que le livre.

Sur ces colonnettes rondes ou octogones la Bible et l'Évangile reprennent figure. La sérénité des expressions m'étonne ; quelle puissance d'amour possèdent donc les Helléno-latins pour adorer sans un pli du front les plus austères vérités ? Manquons-nous de courage dans le Nord ? Dieu frappe-t-il plus rudement sur nous ? Relisez ce que Boileau a écrit de l'art chrétien, écoutez Port-Royal, observez l'amertume des visages de la Ligue et le pli de souffrance des catholiques actuels, alors vous vous étonnerez de la sérénité empreinte chez les fidèles et sur les statues pieuses en Italie et en Provence. Doit-on croire à quelque privilège spirituel, ou seulement à un héritage mental de cette Hellas dont les malheureux, les criminels mêmes, conservent chez les Tragiques la dignité et le sourire? Il faut ici la bourse de Judas pour distinguer sa statue, tant sont loin les grimaces de réprouvés, tant loin aussi la Danse Macabre qui hanta le gothique Septentrion. Expions-nous notre rationalisme, ou d'avoir aimé le frisson de la peur ? Sur le Nord, hérétique et douloureux, quelle réprobation pèse, rappelant celle des nations que le prophète vit « assises à l'ombre de la mort » ? Je songe à ces Bretons de Brizeux, dont la langue n'avait pas de mot pour dire espoir. Il semble que dans l'idiome provençal on ne puisse ni gémir ni blasphémer ; Daudet a tiré de ses souvenirs cet Arlésien qui prononce un seul mot français, pour refuser le prêtre en mourant.

La vérité est que les races vont à Dieu, soit par la joie, soit par la douleur. Elles se partagent aussi la triple route de l'autorité, de l'action et de l'amour. Trois statues d'apôtres, Pierre, Paul, Jean, résument ces voies parties du Calvaire.

Saint Pierre et saint Jean composent le pilier angulaire de la galerie romane. Entre eux se tient saint Trophime. A ce groupe de grandeur naturelle un panneau intermédiaire joint les images réduites des saintes Maries et, au-dessous, celles des disciples d'Emmaüs. Trophime était-il l'un d'eux ? Une hymne de l'Église d'Arles le ferait croire. Le groupe d'Emmaüs ne figura point sans quelque raison à la place d'honneur, la plus anciennement sculptée du cloître, parmi les personnages qui synthétisent l'histoire ou les tendances spirituelles de la Provence. Un panneau contigu représente la Résurrection de Notre-Seigneur, la fête joyeuse qu'avec Noël préféra toujours ce pays ; le tombeau porte : *Sepulcrum Domini.*

Le ciseau régional se manifeste ensuite par la Résurrection de Lazare, lequel aborda aux plages camargues avec les saintes femmes du Calvaire. Deux autres chapiteaux représentent le Sacrifice d'Abraham et le prophète Balaam. Toutes ces sculptures, le camp d'Israël, le bélier, Isaac portant le bois, sont d'une précision minutieuse.

Une dévotion spéciale au Moyen Age encastra

dans le second pilier la statue de saint Jacques le Majeur entre deux pèlerins de Compostelle, l'un Gaulois, l'autre Maure d'Espagne. A la seconde travée, les chapiteaux représentent l'apparition de Mambré et saint Paul à l'Aréopage.

Sur le troisième pilier le Christ montre ses plaies à saint Thomas. Les chapiteaux des colonnettes portent la Vision de Moïse et quelques motifs de décoration ; la face intérieure du premier représente le Buisson ardent.

Telle fut l'œuvre du xiᵉ siècle. Au mur de fond, les arcs-doubleaux s'ornent d'étranges dessins, entre plusieurs épitaphes dont l'une saisit par cette périphrase : *Aggressus est viam universæ carnis*. Une autre commémore un *operarius*, religieux directeur des travaux.

La galerie de l'est comprend, ainsi que la précédente, trois travées de quatre arcades. Les sujets principaux et les colonnettes sont également de marbre blanc, sauf quelques statues en pierre dure de Beaucaire. Le pilier d'angle représente saint Paul, un évangéliste, — saint Matthieu croit-on — puis saint Étienne, primitif patron de la basilique. Ils tiennent des rouleaux et des livres. Deux panneaux figurent la Lapidation de saint Étienne et l'Ascension.

Voici, sur le premier chapiteau, les « Mystères joyeux » de la Vierge. Sa Nativité rassemble Joachim debout, Anne alitée, une femme qui soigne Marie enfant ; par un rapprochement exquis, apparaît en haut Jésus dans la crèche, réchauffé par le bœuf et l'âne. L'Annonciation et la Visitation occupent les autres faces de ce chapiteau. Un ange et quatre aigles ornent le suivant. Le troisième représente la Naissance de Jésus annoncée aux bergers ; scène d'un charmant réalisme : les chèvres, debout grimpées, broutent un arbre.

Au-dessus des arcades, s'espacent sous la corniche les emblèmes des Évangélistes. Un pilier porte la Flagellation : le Christ central a disparu ; il ne reste que Judas et un soldat armé du fouet. Au sommet est sculpté le combat d'un chevalier contre un ours. Sur le dernier pilier figurent Salomon avec la reine de Saba, puis l'agneau et la croix de saint Jean-Baptiste.

Les chapiteaux de la seconde travée représentent le Massacre des Innocents, où quelques mères, entre Hérode et Rachel, lèvent les bras devant leurs nourrissons décapités ; ensuite l'arrivée des Mages chez Hérode avec leurs présents, au milieu de sanhédristes et de scribes ; enfin la Fuite en Égypte, où un ange fouette la bourrique que conduit saint Joseph. Sur la face intérieure de la colonne, les Mages reçoivent en songe l'ordre de ne point retourner chez le roi.

Au premier chapiteau de la troisième travée, les Mages adorent l'Enfant, lui offrent l'or, l'encens, la myrrhe ; les chevaux, cachés dans l'entre-deux des **colonnes géminées**, rappellent ceux de Phidias. La colonne extérieure représente la Conversion de saint Paul, miracle psychologique si déconcertant pour le rationalisme. On voit l'Apôtre à cheval, puis désarçonné sur le chemin. Le dernier chapiteau groupe le Collège apostolique prêt à se disperser parmi les nations. Sur l'entablement des travées, les Vierges sages tiennent leurs lampes allumées ; les folles dorment auprès des leurs renversées.

Le mur intérieur de la galerie porte diverses épitaphes de chanoines, celle de Guillaume de Miramas, et l'aigle ajoutée par les empereurs d'Allemagne, rois d'Arles, à l'écusson de la primatiale. Deux portes massives, bardées de fer, s'ouvrent dans le mur ; le Moyen Age posa ici sa griffe sombre.

Le style roman s'était prolongé fort tard au Midi. Avec la galerie du xive siècle commence le gothique. Tandis que râlait la France sous les pestes, les famines, l'éperon des baronnets, et que si proche, dans Avignon, le schisme écartelait l'Église, Arles ciselait encore ces niches et ces baldaquins. Mais on dirait que l'ambiance originelle de désolation porta malheur à l'ouvrage ; les niches survivent à leurs statues ; quelques travaux ajoutés plus tard ne rappellent que des deuils ; l'autel du fond servait pour l'office funèbre des chanoines, un prêtre mourut en le célébrant ; au mur s'espacent les blasons des archevêques, dont le dernier fut assassiné aux Carmes, en 1793. De guirlandes sculptées par le XVIIIe siècle la pierre trop friable s'est usée, image d'une époque vaine et néfaste. Les sujets des pilastres et des colonnettes ne rassérènent guère : Jugement dernier, Adieux du Christ, Baiser de Judas, Jardin de l'Agonie orné d'inopportunes feuilles d'acanthe, ensuite des chrétiens qu'on torture, des bourreaux porteurs d'outils affreux. Vraiment le XIVe siècle s'effare en ces sculptures, auxquelles son besoin de réconfort ajouta la Tentation et le Baptême de Jésus, la Cène, l'Eucharistie ; puis la Prière, la Providence, l'Église symbolisées ; un évêque bénissant les martyrs, la Vierge, reine de ces martyrs. Mais, plus inquiétante que les persécuteurs, se dresse l'image du docteur pharisien Gamaliel ; l'artiste qui la sculpta portait-il déjà au cœur l'orgueil sacerdotal ? Alors cette statue pourrait considérer son œuvre dans les dévastations révolutionnaires.

La galerie de l'ouest servit de modèle avec le préau pour le décor de *Robert le Diable*. Elle marque la fin du XVe siècle. Avant l'assaut du protestantisme, l'Europe reprenait vie ; on découvrait l'Amérique, on inventait l'imprimerie. Heure de joie dont ces sculptures portent l'empreinte. Quelques chapiteaux représentent l'Annonciation, le Couronnement de Marie, la Pentecôte. Sur les autres la Provence chrétienne repasse ses origines ; voici une Lapidation d'Étienne, Marthe qui bénit et enchaîne la Tarasque, Marie-Madeleine répandant sur les pieds du Christ ses parfums et ses larmes. Que signifie parmi cette chronique provençale Dalila coupant les cheveux de Samson ? A une patrie de l'amour voulut-on rappeler, après sa puissance de sanctification, ses périls ?

Comme toutes les anciennes églises méridionales, la basilique contiguë au cloître est obs-
cure jusqu'à donner, au sortir de tant de lumière,
une sensation de cécité. Il faut quelques se-
condes pour restituer à cette nef romane, très
sévère, ses tapisseries des Gobelins, ses statues,
ses tombes ; pour discerner les tableaux de Fin-
sonius, l'Immaculée Conception de Sauvan, le
remarquable coloris d'un anonyme Crucifiement,
et le magnifique Concile provincial où saint
Césaire juge un évêque de Riez, simoniaque.
Mais encore ici la sculpture l'emporte avec les
rinceaux du maître-autel, les sarcophages du
IVe siècle qui représentent le Passage de la
mer Rouge et diverses scènes bibliques, le
tombeau de Géminus Paulus servant d'autel à la

chapelle du Saint-Sépulcre, la Vierge de Léonardi Mirano, statue miraculeuse qui, en 1793, renversa ses agresseurs, la chaire formée de marbres antiques, le mausolée de saint Trophime, les colonnes cannelées en marbre noir des fonts baptismaux, lesquels reposent sur un groupe de trente-quatre personnages. Il ne reste plus d'attention pour les menus trésors dont s'enorgueilliraient d'autres basiliques : vastes bénitiers en serpentine, tombeaux d'archevêques, margelle de puits empruntée à une colonne du théâtre, et, dans la sacristie, une croix en ivoire, des cassettes, un olifant.

Épuisé par trop d'art et de souvenirs, il faut pourtant s'extasier devant. le chef-d'œuvre de Saint-Trophime : son portail du XIIe siècle, dont un moulage resplendit au Trocadéro. Ces reproductions constituent d'ailleurs un vandalisme, car elles détériorent les statues, et la municipalité arlésienne refusa sagement de laisser prendre ensuite les empreintes du cloître.

Toute l'histoire religieuse figure sur ce portail, depuis la Création jusqu'à la scène centrale du Jugement dernier, où le Christ, glorifié par les anges, et entouré des apôtres et d'animaux symboliques, sépare élus et réprouvés. Les vantaux sont divisés par une colonne en granit violet d'Elbe. Aux bas-côtés s'alignent les grandes statues des saints Trophime, Paul, Pierre, André, Jacques, Philippe et Étienne, duquel la **vie est reproduite dans les entre-colonnements.**

Telle est la basilique Saint-Trophime. Sous elle on retrouve les alluvions successives du christianisme : l'église consacrée en 606 par saint Virgile, puis la basilique constantinienne et les traces du primitif oratoire dédié à saint Étienne dans le palais du préteur converti.

Errez dans Arles, vous y rencontrerez sans cesse d'analogues souvenirs : la Major, trois fois rebâtie sur les substructions du temple de Cybèle, et qui enferme de si précieuses reliques, tels les *pontificalia* de saint Césaire, ses palliums, ses sandales, sa ceinture, dont la boucle en ivoire représente le Saint-Sépulcre ; puis Saint-Jean de Moustiers, datant de la première invasion sarrazine ; l'abbaye Saint-Césaire, qui remonte au Xe siècle ; Saint-Julien, gothique et Renaissance, mais qui plonge en des fondations autrement lointaines. Et partout, dans les faubourgs, les ruelles, les cours de logis, fourmillent les vestiges de clochers, de portiques, d'abbayes. Ces incomparables témoins de l'histoire chrétienne sont modestes, parfois presque introuvables ; nul orgueil ne dilate leurs façades ; ils sont bien de ce Midi qui, dans les choses sérieuses, tient toujours plus qu'il n'a promis. A qui une première fois l'aborde, Arles apparaît une pauvre sous-préfecture avec des églises de village.

MISTRAL.

L'homme est à la fois autonome et solidaire. Par sa liberté morale il s'affirme responsable de son acte ; mais le déterminisme ethnique colore cet acte, mauvais ou bon. La mentalité sémitique diffère de l'aryenne, et l'esprit italien de l'esprit saxon. Je voudrais rechercher à quelle sensibilité générale aboutit en Provence un si complexe atavisme de Grecs et de Latins, de Maures et de Ligures. Pour y mieux parvenir, par similitude ou par contraste, je prendrai mon recul dans la psychologie bretonne.

A la pensée de fuir les sols roses, les lointains de nacre, pour contourner, sous un ciel de désolation, les sinistres falaises aux entonnoirs de gouffres, et pour écouter la pluie sur la lande, regarder dans le brouillard les tremblotants feux de port, je conçois aussitôt combien une même race dut être modifiée dans ses sensations par les climats dissemblables, et pourquoi un Ibère des côtes armoricaines est devenu mentalement si différent d'un Espagnol, si pareil aux autres Bretons, alors que son type physique demeure reconnaissable au milieu des Celtes.

En plein juillet, j'épuisai la tristesse, au haut de la lanterne de Sainte-Anne, à contempler l'intérieur de la Bretagne, avant de me retourner vers l'âpre Belle-Ile et vers les vasières goëmoneuses, les archipels vallonnés du Morbihan. Au crépuscule, la lande s'enveloppait d'une coutumière mélancolie, distillée avec les gouttes de nuages en fuite. Cette pluie estompait dans tout l'Arvor les rosaces des granitiques chapelles et les christs ébauchés aux calvaires grisâtres des chemins perdus. L'âme dérivait vers un soir inétoilé, vers le calme d'une détresse plus navrante que la boucaille d'équinoxe qui jette aux galets d'une anse les naufragés. Là-bas, cet Océan formidable et sans histoire, *Mare Tenebrosum* des Anciens, royaume du démon des vents pour le Moyen Age, montait lugubrement ses marées. Allez donc demander à la Bretagne de chanter l'ivresse de vivre, ou à la Provence d'imaginer cette paralysante désolation! Elles ne se rejoignent que plus haut, dans l'invisible. Encore la dévotion méridionale débordera-t-elle de joie, tandis que la prière bretonne soulève avec un sanglot la dalle du sépulcre. L'atavisme social aussi les distingue : la fille des Grecs tressera pour la Vierge les guirlandes sacrées ; la pauvresse d'Armorique portera à sa suzeraine un timide hommage.

Le climat peut diversifier même l'épreuve morale. Cette consternation de la lande explique l'individualisme du foyer, au lieu que le forum et l'agora procèdent des appels du soleil ; dès lors la pensée septentrionale se repliera vers plus d'orgueil, tandis que sous l'ardeur estivale la promiscuité des foules irritera la luxure. Mais l'âme se défendra selon l'attaque : de là ces défiances de la Bretagne envers la science ; de là cette réserve hautaine des Provençales. Le Breton, dès qu'il vit intellectuellement, se recherche plutôt que Dieu ; Chateaubriand, Renan, ou Lamennais, il calcule son sacrifice, louvoie entre la vérité et l'erreur, pendant que le Méridional court droit à Baal ou à Dieu. La Bretagne ne produit point de François d'Assise, encore moins un Thomas d'Aquin ; ses vrais saints sont des illettrés qui eurent à peine une chaumière et qui n'ont pas d'autel.

Peut-être obtiendra-t-elle pour ses révoltes l'excuse d'avoir trop souffert. Écoutez la détresse de ses cantilènes. Elles ne parlent point, comme les cantiques provençaux, d'amour et de beauté ; elles supplient pour les soldats et les matelots, victimes des guerres féodales ou trépassés de la mer. Pauvre race arriérée dans l'idéal, brutalisée **dans les casernes, et qui donne des héros.**

Le geste maladroit du Breton paraît inapte à
organiser une existence ; aussi en ville devient-il
anarchiste. Ne l'enlevez point à l'ombre de son
église, aux prêtres qu'à bon droit il nomme ses
« recteurs ». Là ce révolutionnaire latent élira
des députés de modération sociale, préparera
les armées contre la Commune, tandis que le
Provençal, si prompt à organiser sa vie et si ser-
viable, deviendra le jouet de tous les pitres
politiques, réalisera par son vote l'opposé de ses
désirs. Dieu ménage ces équilibres compensa-
teurs, ces revanches du rôle public sur le rôle
privé.

J'ai heureusement trouvé le Midi très différent
de sa représentation officielle. En revanche,
au pèlerinage de Sainte-Anne, centre de cette
Bretagne qui me semblait une antichambre du
ciel, je vis les voyageurs happés, soulevés,
écartelés par une bande de furieux qui se les
arrachent, eux et leurs bagages. Ce n'est pas
l'arrivée d'un train, mais un atterrissage chez
les naufrageurs. Un grand chouan sombre qui
rêvassait, le dos voûté, tira les mains de ses
poches pour saluer obséquieux, puis accaparer
une petite Bretonne, laquelle, espérant soustraire sa valise à ces sauvages, se défilait d'une
hanche sur l'autre, la tête en avant, tel un oiseau
d'eau.

Je devais corriger plus tard, en admirant les
pèlerins du Finistère, une hostilité qu'avaient
accrue mes promenades autour de Sainte-Anne.

Sur les routes provençales, on attend du passant le « Porte-toi bien ! » d'un Latin, ou le « Réjouis- « toi ! » d'un Grec. Ici, au creux des chemins coupés de flaques, sous la traîtrise des souches, des houx, un canon de fusil n'étonnerait pas. L'heure de ce pays, c'est la Chouannerie, ou bien le Moyen Age perpétué par les mendiants à béquilles mal équarries, et par les moissonneurs dont les faucilles remémorent le conte du *Chat Botté*. Ils me parurent trop rompus à saluer le marquis de Carrabas. Visitant le trésor de la basilique, l'extase de la foule devant les épées d'honneur, les dons princiers, m'agaça. J'affectai de regarder ce que dédaignaient ces paysans snobs : naïfs ex-voto, bannières paroissiales, bouquets de mariées, le crâne d'un anonyme martyr. Je me rejetai de toute l'âme vers la Pro- vence, si passionnée d'égalité chrétienne, depuis qu'elle secoua le joug du patriciat romain.

Je déplorai l'influence de l'Ouest sur le mou- vement religieux au xixe siècle : le divorce de la foi avec l'art, l'amour et le peuple, l'introduc- tion de la camelote chevaleresque par les pala- dins en gants brique, le bigotisme haineux, l'oubli de tous les problèmes sociaux, la phra- séologie où nul mot ne correspond aux réa- lités actuelles, la France de Bayard obstinément substituée à la France de Lamoricière et de Paul Henry, deux Bretons cependant, car le remède sort d'où le mal a procédé.

Un beau cas d'esprit militaire exempt d'orgueil

et de routine historique m'était néanmoins offert
à Sainte-Anne par deux ex-voto ne portant aucun
nom, mais seulement le titre du « commandant
« en chef des forces de terre et de mer pendant la
« guerre du Dahomey » et celui du « comman-
« dant de la division navale du Sud-Atlantique ».

Les ex-voto populaires ressemblaient à ceux
des sanctuaires méridionaux. Je ne retrouvai toutefois point le double cœur. Mais la psychologie
bretonne s'affirmait par les navires en détresse,
les supplications maternelles, les remerciements
de bataillons épargnés. La réalité miraculeuse
éclatait dans la peinture de certains drames.

Je passai cinq journées devant les lanternes
en granit de la basilique, plus vieillie après
trente ans que les arènes d'Arles. La statue dorée
de sainte Anne assombrie sous le ciel bas con-
trastait avec la Vierge de la métropole avignonnaise, dont l'or étincelle dans l'azur.

Cependant les paroisses commençaient d'affluer. Le pays grisâtre, angoissant, s'harmoni-
sait avec les âmes intériorisées, les voix toujours retombantes, prolongées en un soupir de
remous. Comme les noms endeuillés de ces
bourgades contrastent avec l'éclat des sonorités
méridionales, j'opposais aux Mois de Marie
vauclusiens, où d'admirables cantatrices em-
portent au ciel les litanies, ces inhabiles cantilènes, monotones et scandées, où la Vierge n'est
point nommée belle, mais secourable, et où san-
glotent, ainsi qu'un radotage d'aïeule, la pensée

des marins livrés aux houles, la demande d'un peu de bonheur pour les petits que l'on jettera quand même à la glauque fascinatrice.

Le costume seul démentait le deuil. Ces femmes des landes et des havres morbihannais s'essayaient à quelque couleur ; mais elles n'atteignaient qu'à des teintes mortes, à de minces fichus aux roseurs de bruyère, aux verts d'algue. Quoique leurs yeux d'Ibères conservassent cette nostalgie de clarté, trop de siècles sous un floconneux ciel les avaient déshabitués des couleurs vives, que j'allais retrouver pourtant chez les traditionnels sauvages des monts d'Arrée.

Quel enchantement m'attirait donc vers ces foules armoricaines qui se succédaient à Sainte-Anne ? Les hommes, hors de la transfiguration religieuse, reprenaient une allure brutale ; les petites Bretonnes de la côte se balançaient avec un laisser-aller des bras hérité du séculaire roulis des barques. Mais une ténébreuse poésie chantait en elles. Je les sentais si protégées sur leurs caps contre les vulgarités de la France centrale ! Je percevais une telle plainte de biniou au fond de leurs cœurs. Marie revivait en elles toutes, comme chez toute Provençale Miréio.

J'aimais aussi leurs prêtres dominateurs et pleins de Dieu ; ils conservaient ici le prestige des druides. Je ne revoyais plus ainsi qu'en Arlésie la danse sacrée des Ménades, mais les tribus qui se pressèrent aux peulven de Carnac. **Le dogme chrétien s'affirmait, d'une solidarité** indestructible avec les générations éteintes.

Si j'avais eu vingt ans et un attachement quelconque à la vie, je serais parti à pied sur la lande, m'enfonçant, un houx à la main, dans la Bretagne, ravi à l'aurore par le gazouillis des linots sur les genêts, apeuré le soir par les garous et les korigans. J'aurais marché quarante lieues sous les chênes de Noménoé, sur la chaussée des étangs seigneuriaux, dans les sentiers de bruyère. J'aurais atteint le but secret de ce voyage, le mystérieux clocher du Creizker, la flèche à jour de Saint-Pol-de-Léon restée, parmi les refrains des cantilènes bretonnes, au fond de mes rêves d'enfant.

Le jour le mieux documentaire et vraiment religieux fut la veille du Pardon. A l'inverse du Midi, où le curé se glisse derrière son entraînante paroisse, les recteurs manœuvraient en adjudants la foule maladroite. Mais la pensée était la même ; au lieu du cantique : « catouli e pro-« vençaù » ! on chantait : « catholique et breton, « toujours ! » lorsque les sombres syllabes celtiques cessaient d'évoquer l'insondable histoire. Pour les messes en plein air une tribune, parée comme les lices d'un tournoi, disparaissait sous l'hermine de Bretagne, mêlée aux oriflammes du Sacré-Cœur et de la Vierge, au pavillon jaune du pape et à quelques drapeaux tricolores. Les pèlerins montaient à genoux, chapelet aux doigts, la Scala sancta. Dans la basilique, des pancartes armoricaines localisaient les confessionnaux ; un brancard à guirlandes et dôme d'or, frangé d'hermine, attendait la statue de sainte Anne ; au banc d'œuvre priaient les chefs catholiques de la Bretagne. Ce mélange de foi populaire et de discipline réalisait, non plus la vaniteuse contrefaçon de l'ancienne France, mais le socialisme féodal si hautement représenté par le comte de Mun. L'âme respirait très loin de la crapule démagogique et de l'égoïsme bourgeois. Elle bondissait jusqu'à la vraie chevalerie du Moyen Age ou jusqu'à la justice de l'avenir.

A pleine nef blanchissait la flore multiforme des hennins et des cornettes, que çà et là striaient les résilles d'or, les vestes brodées, les gilets ou corsages violets, verts, oranges, et les bonnets enrubannés d'enfants. Uniformes de cantons ou de paroisses. Plusieurs, assez laids, séduisaient par leur étrangeté, tel le costume hussard des femmes de Pontivy, shako noir à fond plissé, manteau noir à boutons d'or jeté sur l'épaule. Il y avait là des modes de la Révolution, d'autres datant des ducs, des rois de Bretagne ; il y en avait d'antérieures au christianisme. Certaines paroisses offraient un type identique de visages, et tellement imprévu, reculé dans les âges, hors d'Europe, qu'on ne saurait plus assimiler à aucune race ces survivants de tribus ni celtiques ni

ibériennes. Tels corsages s'enluminaient de zé-
brures pareilles aux indéchiffrables signes des
dolmens à Gavr'Inis. Les peuples du Nord s'at-
testaient par les prunelles bleues, les cheveux
blonds, la haute taille des hommes, et les filles
aux membres trop grêles. Les petits Ibères
bruns, aux yeux roux, tranchaient parmi les
galbes aquilins des Kymris et les faces sanguines
de rares Gaëls. Il arriva un soir tout un village
au type groënlandais.

Les costumes jalonnaient principalement le
Moyen Age : coiffes papillonnantes de Rosporden
et de Guéméné, serre-tête pailletés d'or, perruques flanquées par un filigrane d'argent, bonnets
minuscules, d'autres immenses, édifices en dentelle, barbes de mousseline, ailerettes empesées
qui pointent en arrière ainsi que des huppes
d'oiseaux. Certaines femmes, bigarrées noir sur
noir, semblaient de grands papillons nocturnes.
Tels bonnets s'ouvrageaient de dessins lilas ou
émeraude. Les fichus brodés se croisaient sur
les tabliers verts, roses, bleu de ciel, violets, en
soie ou en indiennes à ramages. La coiffe de Con-
carneau reproduisait l'art compliqué des calvaires armoricains. Les femmes de plusieurs
bourgs portaient des bonnets de prêtre, d'autres
des capots de religieuse. Quelques élégantes
Finistéroises épinglaient sur un transparent
rose ou bleu de luxueuses dentelles, étagées en
cornette, s'enflant sur les épaules en collerette
Médicis, retombant en mince tablier sous la gorge

nue, que cercle un velours noir pailleté d'or. Et parmi ce musée d'anciennes parures triomphait la grâce des femmes de Quimper, avec leur large collerette plissée et leur hennin, hérité des duchesses de Bretagne. Les hommes d'une paroisse se distinguaient par quelque veste bleue à boutons blancs, ou par une flanelle blanche à ganses noires, à boutons d'étain ; d'autres, entièrement noirs, étageaient plusieurs rangées de boutons dorés. Tous portaient le rond chapeau de poil à ruban ; quelques-uns, les braies antiques et les guêtres.

Il se dégageait de pareil spectacle cette leçon
patriotique que la destinée d'une nation n'est inféodée à aucune race; notre empire colonial
pourra refaire une France. Je songeai aussi que
des musées résurrectifs, par quoi le civilisé reprend conscience de ses origines, nous sont mé-
nagés en certains groupes. Pour revoir le berceau
de l'humanité il faudrait visiter l'Inde, adorer au
fond des liturgies védiques les épaves de la Révélation première. Du moins aurai-je vécu devant
les caravanes algériennes quelques heures des
patriarches, et en Provence l'âge de Sophocle,
et au Pardon de Sainte-Anne le XIIIe siècle.
Ces rencontres élargissent notre compréhension
religieuse ou sociologique. Ici je me réconciliai
avec le Moyen Age ; même j'oubliai trop ses du-

retés. Vus de la Province romaine, les chevaliers
m'apparaissaient les Barbares ; ils redevinrent les
preux. Ma pensée fut un moment la pensée de
cette foule où erraient de dolentes mélodies, et
où les braies des Celtes, les chapeaux de la
chouannerie côtoyaient les cornettes de la du-
chesse Anne.

La sensation de piété austère était totale, com-
plétée par le songe des yeux tristes, au lieu que
la joie du Midi s'interrompt parfois d'un sanglot,
et que sa sérénité marque un effort. J'ai entendu
chez les Pénitents d'Avignon des voix d'hommes
plus douloureuses que celles-ci, d'un plus profond
christianisme. Le bonheur n'est nulle part une
norme terrestre ; mieux que la souffrance, la modération du plaisir nous enseigne cela. Pour
comprendre que cette vie est un passage il suffit
d'observer ses joies, trop pareilles à un dessert
limité de table d'hôte.

Nos évolutions sociales importent peu au
bonheur individuel, régi par des lois compensatrices dont la plus extérieure est l'atténuation du
plaisir ou de la souffrance par l'habitude, mais
dont les plus efficaces restent le secret des cœurs.
Au contraire, les transformations historiques
concourent à une réalisation collective du bien ou
du beau ; elles reproduisent tour à tour l'idéal de
Napoléon, l'idéal de Pétrarque, l'idéal du Vinci.
Écrivant ces trois noms d'Italiens, je remarque
de nouveau combien, depuis l'abolition de la
Grèce, c'est la pensée latine qui mène le monde.

Et si nous ajoutons un quatrième idéal, celui de Marceau ou l'idéal démocratique, nous le trouvons initialement réalisé par les provinces de sang romain. Le Nord, ou plutôt le sang germanique, n'a produit qu'un idéal : la chevalerie. Le persiflage gaélique représente seulement une négation de la beauté ; mais le Ciel fait concourir la France à des œuvres plus hautes, surnaturelles : les Croisades, aujourd'hui la conquête et l'évangélisation de l'Afrique et de l'Asie.

Devant le grandiose Pardon de Sainte-Anne,
davantage je détestai les sectaires qui veulent
arracher à la France de tels spectacles, pour y
substituer leur haine satanique et leur psychologie d'estaminet. Je retrouvais leur ouvrage dans
la cervelle de ces cyclistes qui, sans se décou-
vrir, photographiaient la procession. Quelle
vaine curiosité les attirait, très incapables de
comprendre la poésie des archaïques pèlerins
cheminant vers Sainte-Anne du fond de leurs
landes, ou débarquant de leurs îles sur des cha-
loupes aux voiles peintes?

Cinquante ans d'athéisme éveilleraient à peine
un refrain de café-concert aux lèvres de ce peuple
qui, ayant approfondi devant ses récifs la douleur de vivre, garde pour toutes ses fêtes le même

chant de sépulture. Ce glas accompagnait les lentes processions diocésaines, puis la procession générale aux lanternes, le défilé nocturne des cinq mille pèlerins, en tête ceux de langue bretonne. Et l'enthousiasme lui-même gémissait, lorsqu'au pied de la Scala sancta un seul chœur de la foule lança la vague immense d'un Magnificat qui mourut sur les bruyères, au loin. Ah ! ce ne fut pas cette parodie de l'hymne virginale, où nos maîtres de chapelle suppriment un verset sur deux au profit de leurs vaniteux flonflons d'orgue !

Ensuite les évêques de Bretagne levèrent les bras pour la bénédiction solennelle. La basilique alors s'emplit des pèlerins sans gîte. Ils allaient prier toute la nuit devant le brasillement des brûle-cierges, aux pieds de leur patronne et de Marie, les plus que saintes et pareilles à des mères, interposées entre la justice divine et nos faiblesses que nous avons tant de peine à croire coupables, mais qui le sont puisque le châtiment sévit sur nous.

Sombre Arvor, tu as trop bien compris la vie ! Seulement il t'a manqué de la force d'âme. La Grèce en montra davantage ; elle continua de sourire après qu'Homère nous eut nommés « les « infortunés mortels ».

Jésus-Christ est le véritable Dieu des hommes.

PASCAL.

Nous aurions beau accumuler les atrocités de l'histoire et nos remords, quel saint se défendrait d'un murmure contre l'Impassibilité divine, si une Personne de la Trinité qui créa l'univers n'eût contribué, innocente, à nos expiations. Mais nous sommes les soldats d'Alexandre, qui n'osèrent plus se plaindre quand leur chef eut refusé de boire avant eux. Cette idée d'une communion dans la peine me facilita naguère le retour vers la foi ; j'étais trop réfractaire au principe d'autorité pour envisager d'abord l'intégrale réparation exigée par la désobéissance adamique.

La Provence et la Bretagne sentent ainsi. Elles suivent saint Jean mieux que saint Pierre. Surtout elles vont à Dieu par les femmes les plus aimantes et les plus humbles. Le prédicateur du

Pardon avait rapproché ces deux provinces, dont l'une garde le corps, l'autre le culte spécial de sainte Anne. Toutefois, la mère de la Vierge ne jouit point aux bords du Rhône de la prédilection populaire autant que Marie-Madeleine. Vraiment il convenait que la sainte de la dilection devînt la patronne de l'amoureuse Provence, et que l'aïeule de Jésus protégeât l'Armorique, plus éprise de maternité.

Le prédicateur félicita ensuite la Bretagne d'avoir repoussé le virus janséniste. Le pays nantais cependant n'y échappa point ; on lit encore, à la honte de ce diocèse, dans son catéchisme, qu'aucune possibilité de salut n'existe pour les infidèles ! Cet accaparement de la Grâce, issu de Port-Royal et condamné par Rome, a fait plus d'incroyants que Voltaire. La doctrine passait en pratique : quand le trois-mâts *Queen-of-the-South* se brisa sur les roches de la Loire, un curé de la côte refusa de prêter, pour de possibles anglicans, son drap mortuaire. J'opposais à cet étrange interprète de l'Évangile les recteurs du pèlerinage que l'on sentait, ainsi que leurs ouailles, très compréhensifs de la bonté divine, en même temps que très résistants aux oppressions. Et, sans orgueil sacerdotal, l'un d'eux remémorait en chaire la dureté d'un curé du xvie siècle envers le pâtre Nicolazik, auquel sainte Anne s'était montrée pour demander que l'on rétablît ici son culte. Personne ne voulait le croire, jusqu'à la nuit où, précédé par un cierge miraculeux, il découvrit l'antique statue sous le sol de la basilique actuelle.

Cependant le Pardon s'achevait. A la tribune, devant la pelouse désertée, le sombre vent d'ouest déclouait librement les écussons diocésaux, gonflait en loque le dais rouge frangé d'hermine. La basilique tristement se vidait. L'une de ces âmes de foule religieuse, qui font pressentir le « ut « omnes unum sint » réalisé, prenait fin. A regarder les archaïques attelages qui dispersaient ce peuple sur la lande, mon rêve s'en allait vers les dunes où s'espacent l'immortelle jaunâtre et le chardon bleu, vers les coulées de pré cernées de souches, vers les faïences peintes, les lits sculptés des hameaux perdus où fleurit dans le chaume noirci la triste joubarde. Il s'en allait vers les côtes, fouaillé par la boucaille du Large, exalté par la senteur du goëmon, rythmé par les houles. Et il me fallait un effort pour reconquérir, à l'autre bout de la France, dans le royal soleil moirant les Alpines, la chanson des magnanarelles.

Sur l'étroite plage où je me reposais des impressions de Sainte-Anne, c'était l'Ouest rendormi. Un jour, une rumeur électrisa la place du village ; je reconnus le sourd allegro du tambourin. Un petit nomade pyrénéen et son père, bruns, remuants de la vie, gambadaient avec deux ours, les aguichaient d'un rire ou rageusement tiraient leur anneau. Ils accompagnaient d'une mélodie montagnarde leur danse. Au milieu de la lourde foule, dans leurs tambourins chantait le soleil ; dans leur mimique ondulait l'eurythmie des races méridionales.

— Je n'aime pas ces citoyens-là ! dit un paysan.

Je me souvins à ce mot que j'étais au bord du pays de Retz, la partie maussade de cette Vendée qui gâte ses nobles enthousiasmes et son rêve profond par un localisme têtu. Sous l'ombre grandiose de la Vendée reparaît l'égoïsme poitevin, tant stigmatisé par Michelet, Huysmans et Hanotaux.

De l'Arvor aurais-je jamais pu me détacher? Ici je me rejetai vers le Midi, si affable, si désireux de comprendre et d'admirer. Devant ces villageois dénigreurs, j'aimai de la Provence jusqu'à sa folie de joie, ses dévotes qu'un coup de tambourin lance aux farandoles, ses « étripeurs « de prêtres » qui pleurent au baptême de leur fils. J'aimai ses municipalités à l'affût de tous les sinistres de l'univers comme prétexte aux corridas de charité, les messes à grand orchestre de ses Vétérans dont plusieurs n'ont jamais tenu un fusil, les retraites aux flambeaux qui commémorent quelque catastrophe, les clairons et les danses des fêtes votives où le saint de la paroisse est honoré. Je fus indulgent au délire de ses gamins qui crient : « Hé! lampions! » avec le sérieux d'Hellènes célébrant les bienfaits d'Héphaïstos. J'admirai la décence de ses plaisirs populaires, exempts d'ivrognes, et où nul ne manquera de déférence envers la dernière soubrette d'auberge qui sert, le rire aux lèvres, avec le geste de Gyptis.

Pour le Méridional tout resplendit ; il vous
annonce une fleur merveilleuse : c'est un coque-
licot. Le paysan de l'Ouest, au contraire, geint
sans relâche, soit qu'il ait trop pâti au Moyen
Age, soit que la tristesse de son ciel l'ait pénétré.
Après deux jours de soleil, il crie à la sécheresse ; la pluie tombe, ses blés seront perdus !
Cependant, l'extase du Provençal est désinté-
ressée, au lieu que le Poitevin, après toutes ses
plaintes, juge son champ le seul beau du canton.

Il y a peu de vanité en Provence. Vous n'y
rencontrerez nulle part le château pseudo-Renais-

sance qui pullule dans la France centrale, ce triomphe du bourgeois dont l'orgueil parcimonieux entassa pour un prix forfait le maximum possible de tourelles et de girouettes. Pareille architecture dénonce la richesse dénuée de goût personnel. Un cottage de Jersey ou de Clapham révèle l'élégance confortable, un luxe minutieux et simple, l'attrait familial, mais aussi l'égoïsme extérieur. La villa provençale, mas agrandi, atteste l'hospitalité facile, l'aspiration vers la lumière, l'absence de snobisme, la variété d'un délicat sens esthétique.

Les préférences du Midi vont aux artistes plastiques. Il lit peu ; les bibliothèques et d'incomparables archives restent dans un désarroi honteux. Mais les municipalités se ruinent en tableaux et en marbres.

Le Midi garde l'esprit militaire à la façon de Rome. Le soldat est un magistrat, un artiste, qui, son ceinturon dégrafé, redevient citoyen. Voilà ce qui rend souvent charmante la société des officiers méridionaux. Ils n'ont ni la gourme du magistrat qui pense à sa toge, ni la cuistrerie de l'écrivain qui n'est qu'écrivain, ni la grossièreté du traîneur de sabre. Ils rappellent cette génération intellectuelle de 1820, les Courier, les Beyle, qui avait étudié l'homme dans les camps. Montcalm, Suffren, Crillon, Bessières, la majorité des généraux de la République et de l'Empire, le Midi a produit beaucoup de tels braves. Bessières, son héros type ! A la cour impériale, il évoque l'austérité de l'An III, mais, fidèle aux martiales élégances, s'obstine à garder ses cheveux. Affublé d'un duché d'Istrie, il refuse de princières alliances, s'en revient épouser, devant un prêtre insermenté, une petite bourgeoise de Cahors. Intuitif, comme le Méridional l'est si souvent, il annonce sa mort le matin de Lutzen, où un boulet l'emporta. Un jour, à l'aide de camp qui objectait le nombre des ennemis, il faisait cette réponse joviale, marquée à l'antique : « Plus ils seront, « plus nous en prendrons ! » Et lui aussi devait être parmi ceux qui, après la Bérésina, implorèrent de l'Empereur, comme dernière ressource, le vieux refrain des armées de la République !

La religieuse méridionale, c'est cette Sœur de Saint-Vincent-de-Paul dont *l'Écho de Paris* vient de narrer le trait suivant : « En 1885, une émeute « de nègres cernait l'hôpital de Colon, prête à le « dynamiter. La supérieure, prosternée au pied « de l'autel, regarda longtemps la croix, les « mains jointes. Puis elle se leva, traversa la « chapelle et sortit. C'était une Française du « Midi, une Languedocienne au regard vif et bon. « Elle trouvait, pour relever les courages, des « mots admirables que faisait plus réchauffants « l'accent de son pays. Nous la suivîmes. Dans « la cour elle se retourna, souriante, nous rassu- « rant d'un geste maternel. Puis, à petits pas, « elle marche vers la maison sinistre où sont « emmagasinées, pour les travaux du canal, des « tonnes de dynamite. Là elle s'arrête et de-

« meure immobile, les bras croisés. Une bande
« de noirs s'avance, hurlant des cris de mort. Ils
« agitent des fusils, des piques, des couteaux.
« Devant eux marche un grand diable, déhanché,
« demi-nu, qui brandit un tromblon dont la
« crosse est peinte en rouge. Ils sont près d'elle,
« et nous tombons à genoux, glacés d'épou-
« vante, comme à l'approche d'un sacrilège.

« — Regardez ! s'écrie le docteur.

« Maintenant la religieuse et le bandit causent
« paisiblement. Elle a posé ses mains sur l'épaule
« du noir. Nous sentons qu'elle le domine de son
« regard de sainte. Les forcenés rebroussent
« chemin. Sœur Sainte-Thérèse, d'un geste de
« sa main ridée, avait détourné la mort. Elle
« avait sauvé deux cents vies humaines... J'ai
« appris que cette femme héroïque, après avoir
« revu, pendant quelques mois, les oliviers de
« son pays, était retournée à Colon, où elle est
« morte de la fièvre jaune. »

Ce que dans le Midi le peuple pense de la
guerre est malaisément discernable, à cause de
la variété des esprits, et aussi parce qu'un prô-
neur d'internationalisme préside parfois une
société de Vétérans. Au Moyen Age, les « routiers
« provençaux » furent de rudes compagnons.
Un préjugé stupide contre le Midi, c'est qu'il ne
se leva pas en 1870. Il n'avait point à se lever,
mais à être levé, puisqu'il s'agissait de Mobiles
auxquels on ne demandait pas leur avis ; les
régiments du Tarn-et-Garonne sur la Loire, ceux
des Basses-Pyrénées et des Basses-Alpes devant
Autun, montrèrent beaucoup de vaillance. Pour
juger l'effort spontané, il eût fallu que l'ennemi
attaquât sur le Rhône.

Où le Midi se montra vraiment antimilitaire,
ce fut en 1900. Le corps d'armée de Provence

fournissait la majorité de l'expédition de Chine. J'assistai, en Avignon, à un déchaînement de fureurs. Les radicaux parlaient de renverser la République, les catholiques s'en prenaient aux missionnaires. Je crus d'abord à de la lâcheté ; l'entrain des bataillons me rassura. Je reconnus une explosion du *Bella matribus — et conjugibus — detestata*. Et j'en félicitai le Midi, appréciant peu le « Avec ou dessus » des mères spartiates, et les fiancées trop héroïques.

Le Gaulois idolâtre l'armée pour elle-même ; le Latin y respecte un instrument d'ordre au pouvoir de l'autorité civile. La foule provençale, si excitable, n'emboîte jamais le pas aux régiments. Seules, quelques jeunes filles s'élanceront, se tenant par la main, comme les Grecques peintes par Cormon dans le *Retour de Salamine*. Ou bien, plusieurs gamins, ivres de bruit, s'entraîneront dans un jargon mi-provençal, mi-français : « Vèn chercha lou drapèau ; tot lou mounde « y va ! »

La Provence exécrait l'Empire. Les royalistes d'Avignon assassinèrent le maréchal Brune, et les républicains des Alpines tentèrent pareil coup sur Napoléon. Les pays latins sont trop attachés à l'idéal civique pour aimer la gloire militaire d'un conquérant, et les Kymris de l'Ouest gardent trop pour cela leur discipline féodale. La légende bonapartiste ne pouvait naître que dans le Centre. Ailleurs elle se propagea, mais non comme un enthousiasme spontané. Napoléon,

Latin lui-même plus politique que militaire, utilisa parmi les Gaëls leur ardeur pour la gloire
abstraite des armes. Étrange chose, que le dernier écho de l'Épopée vibre chez le poète de
l'*Aiglon*, un Provençal!

*Je les revois, ces villes en fleurs. Elles
ont des noms sonores qui réjouissent autant
qu'un carillon de fête. Elles sentent le
bonheur de vivre en plein soleil, les siestes
derrière les volets couverts de poussière,
les câlineries qui font les heures brèves. Ce
sont les arènes en ruines, les terrasses
plantées d'orangers. C'est Fréjus la romaine
qu'éveillent du matin au soir des caril-
lons d'église. C'est Saint-Raphaël avec ses
écueils de granit rose.*

René MAIZEROY.

La *Venus Genitrix* de Fréjus, si grêle, si
pareille aux figures fiévreuses de cette côte,
semble plus proche du christianisme que les
déesses d'Arles. Elle attriste presque, ainsi que
les spectrales poitrinaires qui, au bord de roches
rouges et de vagues indigo, se raccrochent à des
jours comptés. Ces plages, hôpital de Londres
et de Paris, en tel contraste avec la santé provençale, désolent, malgré l'appel des bois d'orangers. Surtout n'avançons pas davantage vers

l'est. Nous rencontrerions, plus hideuse que la tuberculose, la roulette de Monaco. Elle déshonore les primes effluves de l'Italie, extasiantes parmi les mimosas, les roses de décembre, les citronniers, les escaliers caressés par les palmes. Il règne sur cette Côte d'azur je ne sais quelle ironie supérieure, un souvenir de l'Eden, de la faute et de l'expiation.

A Monte-Carlo, on ne retrouve beaucoup d'âme que chez les pêcheurs. Il y faudrait aborder le 27 janvier, à la fête de sainte Dévote (*Deo vota*), la petite patricienne corse martyrisée sous Dioclétien, et dont le corps fut apporté ici au temps des incursions sarrazines. L'évêque, le peuple, les officiers de Monaco, les fillettes couronnées de roses blanches, célèbrent, à grands feux de joie et à grand bruit, l'anniversaire de leur patronne, puis brûlent une barque symbolique pour l'empêcher de retourner dans son île. Voilà ce que Jansénius ou Homais appellent superstition méridionale.

La France, si matérialiste au centre, demeure flanquée par quatre citadelles de prière : la Bretagne, la Flandre, les Alpes-Maritimes, le Béarn. L'Armorique montre ses Pardons ; le Nord, ses chefs d'industrie qui fondèrent la démocratie chrétienne ; Nice hérita les tendres dévotions de l'Italie ; les Pyrénées ont Lourdes.

Je m'agenouillai l'hiver à la grotte de Massabielle, et n'ai vu aucun des formidables pèlerinages qui drainent l'âme de la France. Mais, sous la neige le merveilleux rosier continuait de fleurir, les cierges de gens exaucés brasillaient, et librement coulait l'eau miraculeuse, et par centaines béquilles ou corsets de fer rappelaient des prodiges moins précieux que les grâces spirituelles obtenues ici.

Lourdes, ses hôtels vides, redevenait la cité d'antan. J'assistai, dans l'église paroissiale, aux catéchismes que Bernadette avait écoutés. Les gamins m'étonnaient par leur compréhension des mystères qu'un prêtre intelligent mettait à leur portée. Les fillettes, très sérieuses sous leur capulet, offraient deux types : une gitana au nez écrasé, aux sourcils durs, ou bien la mélancolique douceur, l'ovale régulier popularisés par les portraits de la voyante. Les chevelures d'ébène, l'or ou le charbon des yeux disaient le Sud ; mais le timbre des voix restait inférieur au soprano provençal.

Ramené sans cesse vers la grotte, je bénissais le Ciel qui naguère m'avait épargné le sacrilège d'y venir en incroyant. Ici plus de peuples, plus de castes ; la misère seule de l'homme et sa grandeur. Nul de ceux qui à prier oublient les heures ne voit dans son voisin autre chose qu'un frère en Dieu. Arrière le Jansénisme ! Des musulmans furent guéris à Lourdes. Tant l'erreur religieuse apparaît une indigence spirituelle que Dieu sait compenser, ainsi que la pauvreté matérielle ou l'obnubilation mentale. Et j'adorais encore la Providence à travers les mensonges mythologiques ; je croyais aux innombrables prodiges qui, chez les Anciens, attestèrent aux âmes droites les dogmes spiritualistes, que la réceptivité payenne avait seulement couverts d'un voile.

Et quel temps fut jamais plus fertile en miracles ?
Auras-tu donc toujours des yeux pour ne point voir,
Peuple ingrat ?

RACINE.

Le satanisme est fort évident à une époque où les prisons reçoivent, au lieu des entrepreneurs de prostitution, les moines coupables de prier en commun, et où la charité elle-même devient un délit. Cependant, bon gré mal gré, la France officielle continue les croisades contre le Bouddhisme ou l'Islam ; en outre, le surnaturel divin se manifeste à l'intérieur par des séries de prodiges, dont les plus frappants, grâce à leur diversité concordante, sont ceux de Lourdes.

Nos athées de laboratoires, qui se passent d'une Intelligence créatrice pour expliquer l'origine de l'univers, ne sont pas plus embarrassés devant les miracles : « Ces phénomènes pro-

« cèdent de forces naturelles encore ignorées. »
C'est là confondre l'inexploré avec l'antinomique.
Le xxv⁰ siècle pourra connaître dix fluides dont
nous n'avons aucune idée; mais il ne verra point
sans miracle l'eau reconstituer une vertèbre disparue, rallonger un piedbot, guérir un aveugle.
Or, de pareils faits, il existe à Lourdes quelques
centaines d'exemples.

Lourdes, à vrai dire, n'a ressuscité aucun mort,
ce dont les scientistes eussent triomphé par la
léthargie. Mais les théologiens établissent une
loi de proportion entre l'intensité du surnaturel
et les besoins d'une époque. « Les grands signes,
« écrivait saint Paul, sont pour les Infidèles. »
Aux contemporains de Moïse il fallut de plus
indiscutables prodiges pour accréditer la Loi
qu'aux contemporains des Macchabées. Le paganisme romain exigea des attestations du Christianisme plus éclatantes que n'en requiert notre
époque dont l'éducation, malgré tout, reste chrétienne.

Néanmoins l'endurcissement du Pharaon ne
saurait étonner quiconque médite sur l'attitude
de l'incroyance actuelle à l'égard de Lourdes.
Oh ! le ciel est bien vaincu par la liberté de
l'homme ! L'amour échoue bien devant l'orgueil !
L'aventure serait vaudevillesque si elle n'était
épouvantable.

Au début des apparitions, la gazette anticléri-
cale de Lourdes persifle semblables niaiseries ;
un gendarme explique qu'il s'agit d'une affection

cérébrale. Mais aucun caractère morbide n'est constaté chez Bernadette ; sa sincérité éclate aux yeux du procureur. Le commissaire essaie vainement de la surprendre en contradiction ; elle rétablit l'exactitude de chaque détail.

Le clergé demeurait sceptique. Seul le curé implora une certitude, quelque attestation miraculeuse. Le lendemain jaillit une source à la place que Bernadette avait indiquée. Elle coule toujours, intarissable. Les athées ne manquèrent point d'objecter que dans les Pyrénées une cascade nouvelle devait peu surprendre. Advient la première guérison, celle d'un carrier de la ville, depuis dix ans aveuglé par un éclat de pierre : — C'est que cette source possède quelque vertu curative ; nous sommes proches de Cauterets, riposte le journal. Mais, outre que les stations thermales ne guérissent point les aveugles, une analyse officiellement faite à Tarbes ne révéla aucun élément anormal dans la source. Je rêve toutefois à un étrange phénomène de la botanique : certaines plantes, la violette, le myrte, voient éclore à leurs pieds telles herbes qui ressemblent à leurs feuilles. Cauterets ainsi m'apparaît comme une contrefaçon anticipée de Lourdes, la réserve d'explication nécessaire à cette liberté de doute qu'exige l'épreuve intellectuelle.

Le journal avait déclaré que, le surnaturel étant impossible, il ne s'occuperait plus de cette **sotte histoire. Cependant Bernadette continuait** de voir la Vierge. Elle ne l'avait d'abord point connue ; elle l'appelait *uo petito damizello*, et redoutait même quelque prestige démoniaque, jusqu'au jour où Marie se nomma, lui demandant de revenir. La bergerette revint. Dix-huit fois une force invincible l'attira vers Massabielle, malgré les menaces policières, les supplications de sa famille inquiète des gens de justice. La foule maintenant l'accompagnait et considérait ses extases. La transfiguration de ses traits agenouillait de vieux athées. Puis une tristesse passait sur elle ; la Vierge venait de prédire les malheurs de l'ingrate France. Prophéties depuis lors trop réalisées, et que l'orgie impériale réentendait à l'heure des événements d'Italie, telles que le voltairianisme de Louis-Philippe les avait perçues à la Salette.

Six cents personnes assistaient aux phénomènes dont l'extase de Bernadette s'accompagnait ; croyants, sceptiques, gens de toute sorte. Le jour où la voyante demeura un quart d'heure la main traversée par la flamme d'un cierge auquel elle n'avait pas pris garde, plusieurs médecins l'entouraient ; le docteur Dozous constatait, à chaque extase, l'absence de fièvre ou de dépression, l'irréductibilité du phénomène à un cas cataleptique.

Ce qui réfute toute explication scientifique de Lourdes, c'est la multiplicité variée de ces faits et leur finalité unique. Or il faut y ajouter les miracles subséquents, si nombreux, si divers, si probants, que, lus dans une chronique ancienne, ils feraient hausser les épaules au rationalisme historique. Vraiment il est terrible de penser que les impies se rassurent, et que certains catholiques se scandalisent, parce que, Dieu sauvegardant la liberté du mal, ils opposent à cette accumulation de surnaturel quelques réclames déplacées ou l'aventure d'un faux estropié qui dupa la charité publique.

M. Zola a parlé décemment de Lourdes. L'enfantillage de son recours à l'avenir pour naturaliser les prodiges, n'a pas empêché ce Latin, qui bâtit à gros blocs, de magnifier les pèlerinages nationaux. Mais, pour approfondir l'histoire de Lourdes, il faut ajouter au livre de Lasserre et à quelques monographies sur les débuts, l'exposé des *Grands Miracles* par le docteur Boissarie. On y constate quelle mince place tiennent les maladies nerveuses en regard des subites guérisons d'estropiés, de cancéreux, de tuberculeux, de coxalgiques, d'aveugles. Plusieurs infirmes furent guéris à distance par les prières de leurs amis à la grotte. Mais les plus grands prodiges sont encore les conversions et la multitude des grâces morales.

Intentionalité manifeste, sainteté du but, dignité des moyens, à ce triple critère la théologie distingue le vrai miracle de la coïncidence fortuite ou du prestige démoniaque. Or, comment nier la Volonté invisible qui réunit au même point de l'espace et du temps de si variés prodiges ?

Comment attribuer à l'Esprit du mal l'un des plus intenses foyers de régénération spirituelle? Enfin, non seulement Bernadette apparaît initialement digne de la faveur céleste, mais, à l'inverse du pâtre de la Salette, elle vécut en sainte, acceptant les plus humbles besognes du monastère où elle mourut. M. Zola s'irrite de l'apparente dureté des religieuses. Il eût préféré sans doute qu'un barnum promenât la voyante en Amérique !

Cité prédestinée, cette Lourdes. Le culte de l'Immaculée Conception, populaire dans le Midi longtemps avant le décret du Vatican, n'était nulle part plus qu'ici célébré au Moyen Age. Les échevins sans cesse ordonnent les récitations du chapelet ; mainte confrérie se fonde en l'honneur de Marie. Un terrain se préparait pour cette fleur de souffrance que fut la douce pauvresse à qui la Vierge disait : « Je ne vous promets pas « de vous faire heureuse en ce monde, mais « dans l'autre. »

Dans un organisme tel que la France, tout
citoyen est appelé à réaliser les multiples
devoirs. Néanmoins chaque région représente
plus spécialement une fonction. Le régionalisme
ne consiste pas à découper le corps, mais à ne
point appliquer au cœur le remède qui convient
au cerveau.

Les philosophes de l'équerre, patriotes qui
visent à supprimer les patries, céderont-ils enfin
la place à des éducateurs convaincus qu'on doit
enseigner aux petits Vendéens l'histoire de
Cathelineau, et aux petits Provençaux celle de
Pétrarque ?

Le régionalisme prédispose à pardonner aux
hommes les préjugés de leur milieu. Un Poitevin voyageant devers Toulouse, s'indignera de

rencontrer tant de lecteurs des feuilles porno-
graphiques ; s'il séjourne, il s'apercevra que la
population n'est pas plus corrompue qu'ailleurs, et son amabilité le conquerra. Un Méridional circulant autour de Niort s'exaspérera
contre les gentilshommes gantés de frais qui
parlent aux chefs de gare avec une bienveillance
distante que ne tolérerait pas à Narbonne un
graisseur d'essieux ; les visages fermés, la
réserve polie lui serreront le cœur ; cependant
les énergies conservatrices de l'Ouest demeurent
nécessaires à l'équilibre national.

*Ne croyez pas que ce soit seulement pour
Laure que Pétrarque ait tant pleuré à la
source de Vaucluse. L'Italie aussi fut sa
Laure, et la Provence, et tout l'antique
Midi qui se mourait chaque jour.*
MICHELET.

L'Orient portait bien des siècles lorsque la
Grèce hérita de lui ; de l'Hellas déclinante naquit
la civilisation romaine ; et la vie provençale est
faite de tout ce passé. Un tambourinaire de
Maillane, une villageoise de la Crau représentent
l'aristocratie la plus lointaine. Leurs ancêtres
chantaient les poèmes d'Homère, quand les
hordes du Nord balbutiaient, ivres d'hydromel,
un couplet de sang.

Regardez méditer ces bergers qu'au tintement
accordé des clochettes Mai ramène du Vaccarès
vers les Alpes ; ils continuent Abraham. Poètes,
ils se bercent au long des routes par cette musique de rêve, par l'amitié de leurs béliers enru-

bannés et de leurs chiens, par l'immense, le doux piétinement qui se prolonge durant des nuits à la traversée d'Avignon ou de Valence. « Demi-astronomes et demi-sorciers », dit Michelet, ils interrogent dans leurs solitudes, ainsi que les pâtres de Chaldée, les étoiles. Indulgents à la vie libre des bêtes, autant que le fut l'Inde védique, ils n'ont garde de troubler les étranges camaraderies de leurs chiens avec les lièvres de montagne, qui parfois, octobre venu, descendent jusqu'à la Camargue, mêlés au troupeau.

Le Méridional, bien moins orgueilleux que fier, mesure la noblesse collective de ses origines ; il substitue au préjugé de caste le sens de la solidarité ethnique. Un marquis provençal est plus provençal que marquis. A un duc étranger qui énumérait sa lignée, certain paysan basque ripostait : « Et nous, nous ne comptons « plus ! »

Ces Basques sont, en effet, les ancêtres de l'Europe. Leur langue n'y rencontre aucune analogie. Ils conservent dans leur parure le goût des races anciennement civilisées pour les couleurs éclatantes. Taine retrouva parmi eux, plus accentuée encore que dans le reste du Midi, cette musique primitive, angoissante, aux finales tranchées comme un cri d'épervier ; et aussi les danses graves, presque religieuses, où les femmes ne parlent ni ne sourient.

Tout Méridional recèle un artiste dramatique.

Rien de joli comme les poses, les regards de tristesse que prennent sous le capulet les petites mendiantes pyrénéennes. Mais pourquoi chanter en Béarn et en Provence les cantiques français ? La vulgarité gagne-t-elle aussi l'Église, gardienne des eurythmies ? A ces races musiciennes elle devrait interdire notre incolore idiome qui détruit leur accent tonique et le feu de leurs mélodies.

Après un an passé au Midi, l'on admire les florissantes madones du Sanzio, la lumière du Vinci, et l'on monte au grenier les Van Ostade dont les crapuleuses auberges choquent le goût des Provençaux. L'on a commencé de tuer en soi le barbare.

Αει ο θεος γεωμετρει.

PLATON.

Il n'y a pas de hasard. Ce qui n'est pas désorbité par la créature libre demeure régi par Dieu. Contemplateur des axiomes géométriques, dit Platon, de l'infini métaphysique, ajoute Leibnitz, Dieu dirige les lois de l'histoire, continue Bossuet ; il est, achève Malebranche, le moteur de notre existence psychologique.

Les athées persiflent certains exemples de finalité providentielle présentés par Bernardin de Saint-Pierre. Quoiqu'il n'ait rien écrit d'aussi sot que la formule matérialiste : « le besoin crée « l'organe », l'auteur des *Harmonies de la nature* eût gagné à élargir sa conception du gouvernement divin. La faute était moins à lui qu'à l'exclusivisme théologique du Moyen Age, qui n'a-

9

vait aperçu dans l'univers que notre planète, et
sur notre planète que deux ou trois peuples
chrétiens. Le progrès des sciences a provoqué
une réaction dans le sens des Pères grecs, lesquels, par traditionalisme oriental et par intuition, avaient enseigné la pluralité des mondes et
l'universalité de la Grâce. Pourtant, il faut aller
plus loin qu'eux, remonter jusqu'au cri du prophète : « Toutes œuvres du Seigneur, bénissez
« le Seigneur ! » et convier à cet hommage les
monts et les fleuves, l'ensemble de la création,
êtres et choses. Appelez-y d'abord ce qui sacre
l'homme : la religion et l'amour, l'art et la douleur. Mais n'excluez point les formes inférieures
de la vie, que Dieu n'a pas dédaigné de créer ;
éveillez la beauté contenue dans l'inconsciente
nature. L'utilité pour l'homme n'explique pas
l'univers total. La glorification de l'Auteur
par le pullulement des existences, la joie physique des bêtes infimes, sont des raisons de
l'expansion créatrice. D'incalculables splendeurs, perdues pour l'œil humain, se déroulent
dans les forêts équatoriales. La féerie des temps
tertiaires n'eut Adam ni pour spectateur ni pour
acteur.

Cependant l'homme apparaît le grand réalisa-
teur terrestre de la beauté. Trop exclusivement
soucieux du bien et du vrai, nos philosophes
ont négligé le concept de cette beauté, associée
par Platon à la perfection morale. C'est, pour y
revenir et scruter la Providence esthétique, un

bon centre que cette Arles où confluent l'Orient, l'Hellas et l'Italie.

J'achevais, étudiant la Provence, de ruiner mes préjugés égalitaires. Déjà la théologie m'avait manifesté la coexistence du privilège avec la justice. Mes yeux, dessillés du sophisme unitaire, s'ouvrirent enfin à la supériorité artistique de certains peuples. Mais l'art ne représente pas toute l'esthétique. La tristesse d'une Bretagne, l'héroïsme d'une Lorraine réalisent de la beauté. Surtout il y a l'esthétique de la nature, immédiatement divine. Les races du Nord la comprennent mieux. L'humaine splendeur d'Arles ne me fit point oublier le musée zoologique de Londres qui met en valeur la pensée créatrice, l'harmonie de l'oiseau, du nid, des œufs, avec leur ambiance. L'Anglais saisit cette poésie de la nature, et le Méridional possède le sens artiste, au lieu que, bêtes ou tableaux, les galeries du Louvre et du Museum restent des collections d'étiquettes. Paris n'a signé qu'un idéal : l'Arc de l'Étoile.

L'insignifiant été du Nord, l'insignifiant hiver
du Midi ! Voir l'Italie sous le soleil, la Scandinavie sous la neige ! Vienne novembre, mon
rêve revole aux brumes de Neustrie. Les silen-
cieux brouillards, le cristal du givre replient
l'âme au fond des vallées ; plus creux, plus inti-
mement sous un comble d'ardoises, le comble
aux poutres familiales évocatrices des grands
chênes qui abritèrent autrefois le ruisseau de
là-bas. Les clairs matins de frileux soleil, les
pas étouffés sur la blancheur immaculée, les
rameaux noirs de la futaie ! Dans la nue grisâtre,
dans l'immobile ciel désolé, le cortège funèbre
de l'année morte, la procession grave, espacée,
aux ailes lourdes, aux plaintes lointaines, des
lents corbeaux. Et tous les amis s'en sont allés ;

les enfants ont grandi, les vieillards ne sont
plus ; tant leur bonhomie fut joyeuse, et tant
dolente pleure leur mémoire. Dans le mystère
des greniers, sur nos berceaux l'araignée file
sa toile ; disparu le tabouret du coin de l'âtre ;
et la légende de Petit-Poucet, et les berceuses
au rythme ancien se sont tues. Les choses elles-
mêmes dorment abolies ; vide sur la route l'her-
beuse cour où vieillissait le moulin seigneurial ;
abattu l'étroit clocher roman ; labourée la châ-
taigneraie où bondissait la queue rousse des
écureuils. Un à un, balancés très noirs à la
pointe nue des peupliers, menez, corbeaux, le
deuil de la terre. O mort des choses, mort sans
au delà ! Pourtant, mon Dieu, merci de nous
avoir prodigué l'hiver du Nord assombri au plus
profond de nos rêves, l'été provençal dans un
chant de fête !

Au nom de la Provence une joie s'éveille. La Grèce lui apporta son art, l'Italie sa passion, la France sa sécurité. Une bordure d'orangers y prolonge l'Afrique ; sous un ciel florentin fleurissent les myrtes de Cythère et les lauriers-roses de l'Ilissus ; l'âpre garrigue et ses olivettes disent la Judée. La poésie et la sainteté furent ici les filles de l'amour.

Qui douterait de la Providence esthétique en considérant l'ensemble des circonstances par quoi l'homme fut identifié avec le sol ? Les races antiques, l'amour, l'art et le soleil firent cette Arlésie, où naturellement l'enfant chante en majeur. Le dolmen, la lande, l'océan, la sombre mysticité des druides composèrent la Bretagne

aux plaintives mélopées. À la voluptueuse, à
l'écarlate grenade succèdent, sous le mortuaire
novembre armoricain, les bogues mélancoliques
qui, sans bruit, pour finir, tombent, parmi les
longues feuilles rougeâtres, au pied des châtai-
gners sur la mousse.

Quatre tours lierreuses d'un manoir auprès
d'un étang, une prairie bordée de grands chênes,
quelques tuiles rousses d'un hameau, c'est la
Vendée. Si proche d'elle, l'intermédiaire paysage
de la Loire serait midi pour le nord, nord pour
le midi. Mes yeux d'enfant mendièrent un peu de
couleur à ses grèves blondes, au tuffeau blanc
de ses villages, au vaporeux azur de ses îles. Et
maintenant, fatigué parfois des intensités méridionales, je retrouve dans les images premières
de ma vie cette molle Loire aux eaux lasses, ses
demi-teintes, et, sous la pluie débile, ses populations lymphatiques, étonnées de vivre. Comme
chez les Ibères de Bretagne, le type physique
survit au type moral chez les quelques Latins
établis par la conquête aux bords du fleuve celtique ; leur bonhomie gouailleuse les rapproche
désormais bien plus des Gaëls que de leurs frères
passionnés du Rhône.

Ceux-ci prennent tout au sérieux, la religion
ou l'impiété, l'amour ou le plaisir. Leur supériorité mentale, due au maintien de leur groupe
classique, réagit sur la forme de leur spiritualité.
Certainement l'Italie et la Provence réalisèrent le
mieux l'Évangile. Un François d'Assise, un Jean

de Matha marquent l'apogée d'un caractère fréquent, révélé par ces confréries laïques de Pénitents où gentilshommes et ouvriers fraternisent pour soulager les malheureux et pour prier. La charité partout existe, mais ce qui a plus hautement sanctifié l'âme latine, c'est d'avoir chéri la pauvreté. Elle n'eût jamais, comme certains anglicans, cru honorer le Christ en s'efforçant de prouver que saint Joseph était un artisan « à son « aise », un petit bourgeois !

Le monde physique symbolise le monde moral : de même que le terroir et le soleil sont à la fois nécessaires pour liquoriser les vins de Lunel, ainsi l'atavisme classique n'eût jamais, sans le christianisme, perfectionné la mentalité provençale.

L'Histoire est le résultat de bien des « hasards ». Point de mentalité provençale si l'Asie eût triomphé à Marathon, ou si Carthage eût détruit Rome, ou si Néron eût étouffé le christianisme. Le miracle fut plus éclatant pour le christianisme, indispensable à toute l'humanité ; cependant les quelques hoplites de Miltiade, puis ceux de Léonidas, n'eussent pu sans l'aide du Ciel que noblement mourir, pulvérisés par les millions de Perses. Mais la Grèce avait prié dans ses temples. D'ailleurs il ne fut octroyé à aucune barbarie d'exterminer le germe de l'idéal. La vérité monothéiste d'Israël vainquit Chanaan ; saint Léon arrêta les hordes sarmates.

Non seulement la mentalité individuelle dément parfois la mentalité collective, mais celle-ci obéit à des lois compensatrices qui en rendent l'étude fort incertaine.

Les psychologues admettent que le Nord développe les facultés de l'homme, et le Midi celles de la femme. Cependant le climat n'apporte qu'un élément secondaire de formation ; les Anglaises, si enthousiastes et intuitives, réalisent un idéal autrement élevé que les Musulmanes.

Dans toute la race latine, au moins actuelle, s'affirme la supériorité de la femme sur l'homme.

Supériorité totale : spirituelle d'abord, puis intellectuelle, et enfin physique car l'Espagnole, la Provençale, l'Italienne, presque invariablement grandes et belles, contrastent avec l'homme, chétif en général. Incontestablement dégénéré, le Provençal devient le jouet de tous les sophistes ; aux heures troubles, la dignité sociale ne se retrouve plus chez ce descendant des Romains, mais chez les Celtes.

Il semble qu'une longue civilisation développe dans un groupe les qualités affectives, lot de la femme, et abolisse les qualités autoritaires, apanage masculin. Au contraire, plus un peuple reste guerrier, plus la condition, et par suite la mentalité de l'homme tendent à prévaloir.

Une loi de gradation régit notre existence matérielle, psychologique ou spirituelle. L'œil fait à un horizon de montagne ne peut plus supporter la plaine. Dès que nous commençons d'aimer la mer, vainement redemanderions-nous tout leur rêve aux îles fluviales ; à supposer qu'elles nous reprissent, nous nous sentirions diminués. De même, une race passionnée dégoûte d'un peuple facile. De même encore, le catholique est soumis à plus de devoirs religieux que le luthérien. Pour s'enthousiasmer de Platon, il faut oublier saint Paul.

Mais l'intensité subjective prévaut sur la perfection objective : le musulman pieux surpasse le chrétien tiède ; le poète s'imprègne plus profondément d'un paysage étroit que l'esprit sec d'un horizon alpestre.

La grande douceur de l'esprit grec, sa répugnance à voir souffrir, sa fraternité du maître avec le serviteur, son idéal désintéressé, mais en revanche sa candeur qui le livre aux sophistes, se perpétuent dans les cités provençales.

Nulle pondération politique. Naguère, en Arles, une proclamation de six lignes fit substituer à un député royaliste un chef de la Commune. Le beau, c'est que souvent l'intérêt personnel ne guide pas le vote, et que les heureux paysans des mas applaudiront les tirades collectivistes sur l'amélioration du sort des ouvriers.

Le laid, c'est que, la politique vivant peu d'idylle, les rhéteurs exploitent cette crédulité, puis deviennent eux-mêmes le jouet des organismes ténébreux.

Avant de rechercher quelles régions de la
France fécondent le germe de la cité future, il
importe de constater que rarement la représentation législative d'une contrée donne la mesure
de sa vitalité religieuse. Telles populations indif-
férentes sauront élire les députés capables de les
préserver de l'anarchie. Si la Bretagne d'une
part, et de l'autre les Charentes, manifestent
assez exactement par le vote leur foi ou leur impiété, ailleurs certains arrondissements déchris-
tianisés, par exemple dans le Calvados, choisis-
sent des députés catholiques, tandis que le Béarn,
la Corse, où presque tous les hommes sont

pieux, élisent des sectaires. Ce fut l'habileté des loges de persuader à ces populations démocrates que leurs candidats, prêts toujours aux sima-grées de tolérance, préserveraient seuls le pays d'une réaction féodale. Ne consultons donc point sur les promesses de l'avenir la carte électorale, mais les foyers d'évangélisation populaire.

L'axe du mouvement catholique s'est déplacé vers 1880 de l'Ouest au Nord. La pensée de Léon XIII avait été pratiquement devancée dans les Flandres. Avant même les Encycliques sur la question ouvrière et sur l'indépendance politique de la religion, divers journaux de Lille et de Cambrai préconisaient la Démocratie chrétienne. Voisins des intelligents catholiques de Belgique, et ni bernés par les déclamateurs comme le Midi, ni enfoncés comme l'Ouest dans les vanités routinières, mais aptes au progrès réfléchi, les Flamands sondèrent les plaies sociales, et, méprisant les expédients empiriques, cherchèrent le remède. Ils comprirent d'abord que l'homme ne peut se passer de l'assistance divine, et que Dieu ne veut pas se passer du concours humain. Ils commencèrent par prier, puis s'attelèrent au travail, sans attendre qu'il leur tombât des nues quelque sauveur flanqué d'un sabre. La Providence établit à Paris, pour les aider, de modestes religieux, compréhensifs des besoins de leur époque. Ébauche de l'immense œuvre intellectuelle qu'il importe de poursuivre, les *Croix* régionales furent fondées afin de riposter aux mensonges contemporains que l'impiété ajoute à ses falsifications de l'Histoire. En même temps s'organisaient les pèlerinages nationaux à Rome, à Lourdes, à Jérusalem. Rien de tel ne s'est vu depuis les Croisades. Comme pour attester que plaisent à Dieu ce labeur sans arrière-pensée et l'amour, la statistique des miracles récents marque une disproportion en faveur de la Flandre, de la Bretagne et de la Provence ; à l'étranger en faveur de la Belgique et de l'Italie.

Tandis que le Nord travaillait ainsi que Marthe, le Midi gardait la part de Madeleine. Turin baisait les traits authentiques du Christ, révélés sur la photographie du Saint-Suaire. La jeunesse languedocienne propageait à travers la France la dévotion au Sacré-Cœur. Depuis 1901, la direction catholique semble passer au Midi, grâce à « l'Action libérale populaire », dont les conférenciers se recrutent principalement parmi les députés religieux de la Gascogne ou du Languedoc, et dont l'effort se concentre sur les parties égarées de ces provinces, afin d'y remédier par l'éloquence chrétienne aux sophismes démagogiques.

*Jésus étant à Béthanie dans la maison
de Simon le lépreux, une femme qui portait
un vase d'albâtre plein de nard d'un grand
prix entra et, ayant brisé le vase, répan-
dit sur sa tête le parfum. Quelques disciples murmuraient contre cette profusion.
Jésus leur dit : « Pourquoi contristez-vous
« cette femme ? Ce qu'elle vient de faire en-
« vers moi est une bonne œuvre. »*

LE· ÉVANGILES.

La délicatesse ajoute un charme aux manifestations de la foi. Lorsqu'en 1902 les Languedociennes accrochaient des guirlandes de roses aux
chars qui emportaient les Sœurs expulsées, elles
surpassaient, non en générosité religieuse, mais
en humaine beauté, les Bretons du Folgouet,
déversant sur les crocheteurs leurs seaux d'ordures.

Pour la renaissance de l'art chrétien on doit
attendre beaucoup de la rechristianisation des
terres helléno-latines. Alors refleuriront les jours
de l'Angelico.

L'aigreur janséniste ne mourra qu'au Midi.
Quand l'Église de France aura rompu avec les
accaparements de la Grâce et la fausse austérité,
une germination de cathédrales sera possible ; le
divorce entre le séminaire et l'École des Beaux-
Arts aura pris fin ; les madones de quelque
Sanzio purifieront le Salon, et les sauvages pein-
turlurés déménageront des autels.

Que les pays classiques se soient mieux défen-
dus contre la camelote cléricale, et que d'eux
seuls doive rejaillir une esthétique chrétienne,
ceci n'empêche point l'universalité de l'art religieux et sa reflorescence possible dans les contrées où le sens de la beauté reste le lot d'une
élite. Parce que Byzance et l'Italie fondèrent les
grandes écoles de peinture, méconnaîtra-t-on les
christs si douloureux d'Allemagne, l'enchanteresse mysticité de Memling, les anonymes chefs-
d'œuvre des imagiers armoricains ?

Il n'existe de stérilité que par l'orgueil. L'esprit d'analyse en est souvent une forme. Vers
1600 l'artiste cesse de prier, et le théologien dé-
daigne la beauté. Tous deux creusent entre l'invisible et la nature le fossé fatal : l'un s'isole
dans son mesquin réalisme, l'autre embastille
l'Évangile et s'y campe en maître. De là cette
grisaille et cette incroyance des sociétés modernes.

La nature est une étincelle du monde supérieur. Les printemps et les automnes sont des
poèmes écrits pour nous, et Dieu nous invite à

accroître l'idéal par nos actes. Observez bien l'immensité de l'invisible et notre coin de nature: leurs phénomènes se ressemblent. Le grand anarchiste c'est le démon; le grand organisateur c'est Dieu. Dans sa mesure l'homme les imite; il contribue à la somme du bien ou du mal, du vrai ou du faux, de la beauté ou de la laideur. Le paysage est le tableau de Dieu; la statue est la création de l'artiste.

*Toute belle poésie ressemble à celle d'Ho-
mère, et toute belle philosophie à celle de
Platon... Il y a dans Platon plus de lumière que d'objets, plus de forme que de
matière.*

JOUBERT.

Dans l'histoire d'une nation, un Louis IX re-
présentera la sainteté, un Louis XI l'intelligence
organisatrice, un François Ier l'honneur chevaleresque. De même, chaque province apporte une
dot différente ; le rôle de la Provence fut de ral-
lumer sur un point de la Gaule quelque étincelle
du beau hellénique et de la passion latine.

Une visite au Muséon arlatèn confirme ce mot
de Daudet : « La race provençale est classique
« dans le sang. » Voyez ces figurines de bois,
sculptées par les bergers de la Crau, et qui représentent Garibaldi ou Napoléon III. Là aucun essai

de ressemblance, mais le symbolisme. Fait bizarre, l'artiste illettré a reproduit spontanément les costumes et les gestes de l'Assyrie ; un atavisme de trente siècles s'est réveillé sous son couteau ; il a reconquis sans maître ses origines orientales.

*Cette poétique Provence n'en est pas
moins un rude pays. Les coups de vent
brusques saisissent. Et ce puissant soleil
aussi, la fête ordinaire de ce pays de fêtes,
il donne rudement sur la tête quand d'un
rayon il transfigure l'hiver en été... Nature capricieuse, passionnée, colère et charmante.*

MICHELET.

Quand les bonnes fées eurent prodigué leurs
dons à la Provence, une mauvaise lui infligea le
mistral. Il faut être Avignonnais pour déclarer
utile ce vent odieux, et Marseillais pour prétendre
qu'il souffle rarement depuis la multiplication
des canaux d'arrosage. (On lit cette stupéfiante
galéjade dans le *Guide Joanne* des Bouches-du-
Rhône.)

Dépourvu de la sombre poésie des bourrasques
bretonnes, le mistral bondit de l'Alpe glaciale,
arrache les toits, renverse les voitures, tombe en

paquets dans les jardins. Sous le ciel obstinément bleu les tourbillons de poussière aveu-
glent. En hiver, le mistral vous transporte en
Scandinavie, alors même que le thermomètre
descend à peine au zéro. L'été, en revanche, la
sécheresse de l'atmosphère rend quarante degrés
plus supportables que trente dans un pays ora-
geux ; toutefois, le sirocco énerve gens et bêtes,
et pousse jusqu'à Orange les moustiques de
Camargue.

Sans ces abominables vents, auxquels tout
Septentrional préfère des torrents de pluie, le
climat de Provence serait agréable. La neige, qui
couvre pendant six mois le Ventoux, tombe rarement dans la plaine, et fond en quelques heures.
Il pleut en moyenne cinquante jours, contre deux
cent quatre-vingts à Brest. Jamais de ces brouillards qui traînent, des mois durant, dans les vallées de Neustrie, liquéfient le cerveau, tuent la
volonté. La température normale surpasse de
cinq degrés celle de Paris. La végétation
avance de trois semaines sur celle de la Loire,
de six sur celle de Normandie. Les primeurs de
Cavaillon succèdent aux envois d'Algérie.

Cependant le Vaucluse et Marseille ne jouis-
sent point d'un climat comparable à celui de
Nice, abritée du mistral par l'Esterel ; l'oranger
n'y résiste pas en rase campagne. Les plantes les
plus méridionales sont ici, outre l'olivier, principale culture des bords du Rhône, le mimosa, le
laurier-rose, le myrte, l'acanthe, le jujubier, le

dracéna, l'aloès et une grande variété d'arbustes à fleurs. Le néflier du Japon, le kaki, le figuier, le grenadier, qui endurent sans y mûrir le climat parisien, donnent ici d'excellents fruits. Outre le palmier kabyle, qui supporte même la température de Londres, la Provence nourrit les longues arêtes du phénix.

Les plus intéressants animaux sont le castor, dont les derniers individus européens survivent aux bords du Rhône, et le flamant rose, dont les colonies enchantent les vasières du Vaccarès. L'ibis rouge immigre sans nicher.

Beaucoup d'oiseaux portent en provençal des noms issus du latin : *lou carpènterou* (charpentier) pic-vert ; *la cardelino* (carduelis) chardonneret ; *la tourdo* (turdus) grive. D'autres noms rappellent l'allure de l'espèce : *lou pilo-moufo* (pique-mousse) sitelle ; *lou sarraiè* (la mésange dont le chant imite le bruit de serrurerie). L'étymologie des végétaux varie : *la falabrejo* (micocoule) ; *la miougrano* (grenade) ; *la jinjourbo* (jujube), etc...

Sauf le corbeau, la Provence possède presque tous les oiseaux de la France centrale. Les fringiles (verdiers, pinsons, chardonnerets) sont les plus communs, avec les alouettes. Parmi les espèces propres au Midi l'on distingue le merle bleu, la mésange penduline qui bâtit le plus merveilleux de tous les nids, le serin, le bec-figue, la calandre, la bartavelle. Ce monde est si bien fait pour le deuil qu'un peu de mélancolie ajoute un charme à la joie ; l'appel de la chevêchette, doux comme la plainte du crapaud, ne rompt pas l'harmonie des nuits provençales. Plus discordante, mais plus rare, est la menace de l'effraie, *lou buéou l'oli*, la chouette sinistre qui, selon la crédulité populaire, boit l'huile aux lampes d'église.

De quel Songe d'une nuit d'été s'est échappée la mignonne rainette, vivante émeraude mince comme le doigt, qui chantonne en chœurs plutôt qu'elle ne coasse, parmi les glaïeuls ? Elle remplace ici l'affreuse grenouille, de même que l'inoffensif orvet et la couleuvre remplacent la vipère, presque inconnue dans ces bienveillantes contrées. La seule bête un peu venimeuse est le scorpion.

Sole sub ardenti resonant arbusta cicadis.

Virgile.

Inféodée aux ciels du sud, la cigale ne dépasse guère Valence. Les paysans du nord donnent son nom à une sauterelle verte, sans voix. La vraie cigale, grisâtre, ne discontinue pas, l'été durant, sa chanson stridente, au faîte des mûriers et des platanes. Elle semble vivre de splendeur solaire et de la poudre des routes blanches. Les enfants lui préparent de minuscules cages. Les félibres l'ont prise pour emblème avec cette devise : « Le gai soleil me fait chan- « ter. » Les bucoliques de l'Antiquité la célébrèrent. Elle est la voix de fête, d'insouciance et d'ardeur qui résonne sur toutes les rives de la Méditerranée.

Comme la cigale boit la lumière, l'abeille respire les fleurs. Celle-ci est en tous pays l'amie de la maison. Le Vendéen associe la ruche aux joies du foyer, à ses deuils ; le Provençal invite l'insecte d'or, il lui crie : « *Pauso bello* (pose-toi, « belle ! » ou encore : « *Oïci bello, oïci poulido,* « *en corraïro a l'oustal nou* (ici, belles, ici, gen- « tilles, accourez en foule à la maison neuve !) »

Les passe-roses du Menuet, les sourires de
Rameau qui meurent au bord des harpes, en-
chantèrent un jour les amourettes de l'âme gaélique, hostile à l'espoir et légère. D'un bond de
farandole la Provence eût dissipé ces ombres
graciles. Elle ne craint point, elle, de piétiner
une fleur, mais il lui faut atteindre au terme de
son désir. Vous n'arrêterez pas cette vague puissante qu'entraîne le rythme haletant du tambourin. Ecoutez ce cri de délire ! c'est l'évohé bachique qui retentit après vingt siècles. Puis un
grave silence, les danseurs ne parlent ni ne sourient : l'âme antique s'est abîmée en l'âme chrétienne, un amour possible en Dieu seul a rejailli
de la mort des dieux. La farandole court, plus
délirante, vers un idéal toujours plus haut. Chacune de ces belles est Magali ; son calinaire l'ira
chercher dans les étoiles.

*On ne comprend rien aux choses humaines
tant qu'on n'a pas saisi comment une
simple volute, mais sculptée par un artiste
grec, est définitive et irremplaçable.*

HANOTAUX.

Si des femmes qu'Homère eût appelées « sem-
« blables aux déesses » ennoblissent les quais
vulgaires de Massilia, l'eurythmie de la démar-
che hellénique caractérise davantage encore les
paysannes de la Durance et de la Crau. Par leur
costume, moderne et inventé pièce à pièce, elles
surpassent les statuettes de Tanagra. Phénomène
atavique d'autant plus frappant que les coiffes du
Vaucluse et du Var sont sans intérêt ; le ruban,
les bandeaux gonflés en arrière et la draperie qui
constituent « l'arlèse » demeurent l'apanage des
cantons où prédomina la race grecque.

De ce costume, vulgarisé par le théâtre et la

photographie, il est malaisé de parler dignement.
Il le faut voir en Saint-Rémy ou en Arles, aux
Arènes ou au pèlerinage de Sant-Gens, aux voto
de Barbentane ou d'Eyragues. Merveilleux de
ligne et si sobre, il est pour l'art de la parure ce
qu'est pour l'architecture le Parthénon.

La prise de l'arlèse constitue pour la *chatouno*
provençale une cérémonie, ainsi décrite par
MM. Nozeran et Ruat : « Les jeunes filles pren-
« nent la coiffure vers l'âge de quatorze ans. Ce
« jour-là c'est grande fête à la maison. Les amies
« se groupent pour habiller la nouvelle Arlé-
« sienne. Après la coiffe vient le corsage, sur le
« rebondissement duquel on épingle avec science
« les petits plis du fichu de mousseline blanche
« ou de dentelle, en ayant soin de laisser la poi-
« trine entr'ouverte et le revers du cou dégagé.
« C'est sur le fichu que resplendiront les vieux
« joyaux familiaux : croix, chaîne, maltaise, tel-
« lement qu'on appelle cela la chapelle, *la capèlo*,
« évocation de jeunes filles parant la néophyte
« ainsi qu'une madone. Le corsage doit être noir
« afin de mieux faire ressortir la blancheur de la
« chapelle. Ajoutons qu'une Arlésienne riche
« doit se draper, l'hiver, dans un manteau noir
« garni de fourrures. Le costume arlésien est
« porté dans soixante villages ou villes compris
« dans treize cantons: Arles, Tarascon, Saint-
« Rémy, Châteaurenard, Orgon, Eyguières, Sa-
« lon, Lambesc, Saint-Chamas, Istres, les Sain-
« tes-Maries, Beaucaire, et Aramon. On remarque

« de petites variétés d'un pays à l'autre, mais le
« fond de l'habillement est toujours la chapelle
« et le ruban-diadème. Si vous traversez un vil-
« lage, vous voyez des Provençales sur le seuil de
« leur porte, mangeant debout, tout en causant
« et riant avec les voisines. D'autres vont à la
« fontaine chercher une cruche d'eau fraîche, un
« bras relevé horizontalement pour faire contre-
« poids. Si elles sont seules, elles aiment à avoir
« quelque chose à la main : une ombrelle, une
« corbeille, un livre ; ou bien elles font tourner
« leurs ciseaux pendus à la ceinture par un cla-
« vier d'argent. De préférence elles vont par
« petites bandes, se prenant par le bras et tenant
« toute la largeur de la route ou de la promenade.
« Malheur à vous, si vous avez quelque bosse ou
« un défaut sur le visage ! Un étranger, assis à
« une table de café, assiste au plus extraordi-
« naire défilé, et se sature de sensations artis-
« tiques. Profil romain, grave et fort, profil sar-
« razin, plus brun et plus délicat, fin profil grec
« surtout, on trouve tout cela en Arles, et d'une
« grande pureté. »

*Maures et chrétiens apprirent récipro-
quement la langue de leurs ennemis. Leurs
poètes chantaient des vers dans les deux
idiomes. Ainsi la poésie orientale s'infiltrait
peu à peu dans la langue du Midi.*

DEMOGEOT.

Malgré les apports arabes et quelques traces
celtiques observables dans les terminaisons en *èn*
et les noms de lieux, l'idiome provençal reste une
langue néo-latine, la plus proche de la source.
L'influence du grec y est appréciable, et davantage dans certains cantons où, par exemple, le
pain, *lou pan*, devient *lou artoun*. Mais d'ordinaire le provençal parlé par le peuple ressemble
fort au dialecte des colons de la Narbonnaise.
Écoutez une paysanne : « *Avians uno gaù e tregal-
« lino* (nous avions un coq et trois poules) .» L'*ù*
se prononçant *aou*, le *v* prenant souvent la place

du *b* antique, la phrase diffère à peine de ce qu'elle fut chez la plèbe romaine au IIIe siècle : « *Habebamus unum gallum et tres gallinas.* » L'*o* de la désinence féminine s'est substitué à l'*a*, perpétué dans l'italien.

Même s'il s'exprime en français, un Provençal affectionne les tournures latines : inversions, pronoms supprimés. Il conserve les mesures agraires de Rome, parle d'*éminées* comme le Neustrien féodalisé compte par boisselées. Il n'a jamais perdu l'usage des prénoms latins : Flora, Numa, Marius, rattachés aux saints du christianisme. Ici ces vocables n'ont point une origine révolutionnaire.

L'introduction de mots français dans le provençal depuis le régime scolaire et militaire tend à substituer aux deux langues un déplorable patois. Il serait souhaitable que se propageât dans les écoles la méthode bilingue innovée en Avignon par le Frère Savinien, et surtout qu'aux Provençaux l'on enseignât d'abord le provençal. On oublie trop que le français ne fut à l'origine qu'un dérivé du roman.

Celui-ci l'emporte étrangement par la couleur et la poésie. Presque aussi féminin que l'italien, il adoucit et nuance tout ce qui concerne l'amour. Selon l'âge, la jeune fille s'appelle la *chato*, la *chatouno*, la *chatoletto*. Quel abîme entre : prétendant et *calinaïro*, entre : les jeunes mariés et *li novi*! Les diminutifs, les dérivés pullulent. *Farandoulo* donne : *farandoula* (farandoler), *farandoulet* (sinuosité), *farandouleja* (danser en troupe), *farandoulado* (chaîne de farandoleurs), *farandoulaire*, *farandoulejaire*, *farandoulejarello* (farandoleurs), *farandouleto* (petite farandole). Les onomatopées abondent : *leù-leù* (vite, vite), *plan-plan* (petit à petit), etc... *Poutoun* c'est un baiser, et une série de baisers : *poutounado*. Plusieurs diminutifs devinrent des mots français, avec parfois une interversion de consonne : *cantinello* (cantilène). Souvent deux adjectifs composent un substantif : *li santibelli* (statuettes pieuses). Certains mots ont une origine chrétienne : *pecaïre* (malheureux !), dérivé de peccare (pécher).

La syntaxe et les conjugaisons restent latines. Mais diverses particularités sont propres à l'idiome roman, par exemple la double désinence de l'adverbe : oui, adressé soit à une, soit à plusieurs personnes.

Le provençal lu par un Français ne ressemble guère au provençal parlé. Autant qu'une langue il est une allure, presque une mimique, qu'un étranger n'acquiert pas. Les règles de la prononciation s'adaptent à la sonorité des voix méridionales. Chaque lettre garde sa valeur, sauf l'*o* des désinences féminines qui ne se prononce qu'à demi ; ceci supprime une apparente monotonie. Les syllabes *en* et *in* se prononcent toujours *ene* et *ine*. Pas de nasales. Les diphtongues abondent, et aussi les triphtongues, marquées par l'accentuation de certaines voyelles. Le son de l'*u* devient *ou* lorsqu'il suit une autre voyelle : Dieu se prononce *Diéou*. Les consonnes ont le son français, sauf le *j* qui se prononce *dz*, ainsi que le *g* devant un *e* ou un *i* ; la prononciation provençale étant celle du peuple romain, on s'explique dès lors que Jupiter soit le Zeus pater des Grecs. *Ch* devient *tz* : *li chatouno* se prononce *li tzatoun*, avec un *o* final à peine sensible.

L'accent tonique reste aussi marqué que chez les Anciens. Tandis que les Celtes traînent sur la dernière syllabe, les Provençaux martellent la pénultième, sauf lorsqu'il se trouve dans le mot une syllabe accentuée.

En somme langue esthétique et sentimentale, non pratique ou philosophique comme les idiomes celto-germains. Avec des dialectes variables elle règne de Pau à Nice, de Narbonne à Valence. Mais le peuple, qui l'emploie toujours dans la conversation, la lit mal et préfère les journaux français.

Le roman s'est conservé plus pur en Languedoc qu'en Provence. Il est usité aussi dans le nord de l'Espagne. Au xi° siècle il devint la langue littéraire de l'Europe occidentale ; Dante et Pétrarque s'en sont nourris. Rome, Milan, notre École des Chartes possèdent des chaires de provençal ; l'Allemagne et la Suisse en comptent une vingtaine. Quelques municipalités du Midi emploient le provençal pour les noms de rues, coutume qui devrait bien se généraliser.

(Il était passé le temps vaillant où venaient de château en château les troubadours ! Le monocorde ne jetait plus son doux accord au clair de lune de la nuit. Les fiers chanteurs n'étaient plus, et la lumière était diminuée.)

MISTRAL.

Tandis que dans le Nord les bardes regardaient, aux soirs de novembre, trembler à travers les forêts druidiques la lueur du conte de Petit-Poucet, les violes d'amour soupiraient aux balcons des marquises provençales et des comtesses languedociennes. Du rationalisme instauré par le breton Abeilard personne n'avait cure en terre latine ; cependant le diable n'y perdait rien.

Outre les troubadours professionnels, tout l'armorial du Midi figurerait dans les annales du « gay sçavoir ». La chevalerie dérivait peu à peu de l'amour vers ses contrefaçons; une voie fut ouverte aux fadaises : « Là, dit Demogeot, toutes « les femmes étaient aimées, tous les chevaliers « étaient poètes. Les châtelains de la Provence et « du Languedoc, les comtes de Toulouse, les ducs « d'Aquitaine, les princes d'Orange, les comtes « de Foix composaient et chantaient des vers. » La forme en apparaît très soignée. Même la poésie populaire ne négligeait pas la rime ; Méry cite en exemple une exquise cantilène d'amour. Saint-René Taillandier constate l'énorme influence que la littérature romane exerça sur le Moyen Age. Cependant, les Croisades éveillèrent de plus hauts intérêts que les poétiques amours de Raimbaud pour Béatrix de Montferrat. L'écrasement des Albigeois, l'unité monarchique fondée au Nord portèrent le dernier coup à la prépondérance politique, partant intellectuelle, du Midi. On ne rencontre dès lors que çà et là quelques noms de trouvaires, héritiers des troubadours, tel au xviie siècle Nicolas Sabouly, auteur de *noëls*.

C'est après 1850 que plusieurs poètes provençaux entreprirent de restaurer la gloire de leur langue ; elle vit éclore presque aussitôt une œuvre inégalable : *Mirèio*, pour laquelle Lamartine réclama l'attention du monde civilisé, et que popularisa ensuite, sur une médiocre adaptation française, la partition de Gounod. Nobles mois pour l'art, ceux où le jeune, l'enthousiaste poète initiait le compositeur illustre à cette Provence qu'il était venu étudier sur place !

Mais l'initiateur du félibrige, le maître de Mistral avait été Roumanille, libraire d'Avignon, ainsi qu'Aubanel qui se joignit à eux pour fonder l'*Armana prouvençau*. Un recueil collectif : *li Prouvençalo*, avait excité la curiosité dès 1852, sept ans avant l'apparition de Mireille. Il faut dire à l'honneur de l'aristocratie méridionale qu'elle s'enthousiasma dès le début pour le félibrige, et à la gloire de l'art religieux que les restaurateurs de la poésie romane restèrent d'ardents catholiques. La boutique des Aubanel s'intitule encore Librairie de Sa Sainteté, en souvenir du séjour des papes ; Mistral répète que, s'il n'eût été croyant et chaste, il n'eût jamais écrit *Mireille* ; Roumanille fustigeait en 1848 les *entarro-chîns* (enterre-chiens) ou fauteurs d'athéisme.

En ces contrées charmantes, où la femme naît cantatrice, l'homme orateur, et où l'on aime à admirer, le félibrige se popularisa très vite. Il gagna le Languedoc, reforma l'unité romane, alluma un foyer dans la Catalogne, restée de cœur helléno-latine. Là chanta l'abbé Jacinto Verdaguer, né de laboureurs, souffreteux, et si pauvre que ses admirateurs se cotisèrent pour lui assurer du pain. Son chef-d'œuvre, l'*Atlantidina*, fut traduit dans plusieurs langues. Il écrivit encore les *Flors del Calvari*, la *Légende de Montserrat*, des cantiques, des poèmes. Promoteur de l'autonomie catalane, son rôle politique s'ajoutant à sa gloire littéraire, Barcelone prit à sa mort un deuil officiel. Le Roussillon et la Provence lui étaient une même patrie que la Catalogne. Montpellier, Avignon, Toulouse se mêlaient dans ses chants aux villes espagnoles. L'évêque de Perpignan célébra sa mémoire avec les félibres. Il écrivait dans le dialecte catalan de la langue d'Oc.

Le félibrige, si classique, de si belle santé

morale et intellectuelle, a restitué au Midi la
conscience de soi. Aujourd'hui les gazettes régionales, quelle que soit leur tendance politique,
permettent de mesurer l'influence des poètes
rhodaniens. Le peuple joue des comédies, chante
des cantiques en provençal ; quelque sonnet de
Mistral et le travestissement arlésien méridiona-
lisent fréquemment les soirées mondaines.

Chez Mistral et chez Aubanel une semblable
conception ethnique de l'amour contraste avec la
poésie sentimentale de Brizeux.

D'abord on lit *Mirèio* ou la *Miougrano entreduberto* (la Grenade entr'ouverte) sans rien apprendre de la personnalité de l'auteur, tandis que
Brizeux nous entretient de son passé. Celui-ci
sourit, s'excuse de ses attendrissements ou de sa
foi ; certes, il reste loin de l'odieuse sentimenta-

lité narquoise de Renan et de ses disciples ; Brizeux est un sincère, mais un sincère préoccupé de soi-même. C'est lui qui aime, pleure, agit à travers l'ombre indécise de sa paysanne. Si Marie a aimé nous l'ignorerons. Elle n'achève de représenter la tendresse souriante que pour s'effacer dans le raisonnable devoir. Elle semble un rêve presque abstrait du barde. Le poème charmant offre de la mélancolie paysagiste, une affection douce, quelques larmes, nul cri de passion. Brizeux a cependant soupçonné la grande dilection lorsqu'il déclare ne point comprendre

Ce qu'est Dieu sans l'amour ou bien l'amour sans Dieu.

Mais que vaut un tel vers, rêvé plutôt que vécu, en regard de la scène finale de *Mirèio*, toute de détresse et d'espérance, de passion, d'élans divins, d'oubli de soi ? La Mireille de Mistral, la Zani d'Aubanel, celle-ci en son cloître, l'autre expirant aux Saintes, apparaissent la même créature dont chaque mot, chaque geste appartiennent au monde des réalités, psychologiques ou surnaturelles. Si brûlante, et à force d'intensité si chaste, la passion ennoblit la mentalité de la race helléno-latine, que par un privilège connexe le catholicisme surélève spirituellement. Le feu épure l'âme. C'est au pays des Béatrix et des Mireille que naissent les François d'Assise et les Jean de Matha.

La passion contient la tendresse. Cette provençale joie d'aimer s'adoucit jusqu'au lied allemand. Mistral a touché la plume d'Henri Heine pour fêter le grillon, la *Founfoni de l'oustau* (la chante-pleure du foyer). Il a, en ses Iles d'Or, réuni toutes les gammes ; l'Épopée y revit dans l'ode au Tambour d'Arcole, héros vauclusien. Mais vite le félibre retourne à l'exaltation du soleil et de la femme, et il écrit la *Belle d'août*. Grec de forme, il retrouve souvent la pensée latine. Tel chant nuptial des *Isclo d'or* reproduit le rythme et les usages populaires d'un épithalame de Catulle. Partout, à l'inverse de la muse celtique, la femme occupe le premier plan. Pour mesurer ce contraste des deux poétiques, il suffirait d'opposer à l'inspiration paysagiste des premiers vers de *Marie* le début de *Mireille :*

> Cante uno chato de Prouvenço,
> Dins lis amour de sa jouvenço...

Nerto est bien plus qu'un conte ; c'est une page de théologie que Dante eût signée, et qui pourrait s'intituler : le salut par l'amour.

Daudet a écrit l'effarant drame d'une jeune fille envoûtée par un vieux pâtre du Vaccarès. Hors des milieux matérialistes où le démon gagne à se faire nier, l'on retrouve en Vendée comme en Camargue un identique satanisme, dont l'histoire plonge dans la nuit des Bacchanales, et avec Gille de Retz traverse le Moyen Age.

Nerto regarde vers l'enfer. Une châtelaine promise au démon par son père en échange d'une fortune, et qui vainement implore un ermite, mais que l'amour d'un chevalier délivrera, tel est le scénario de cette œuvre, où la psychologie passionnelle fit rencontrer à Mistral les plus hautes vérités surnaturelles. Ajoutez le drame haletant d'un bout à l'autre et quelques magiques envolées sur l'existence seigneuriale au temps des rois d'Arles et des papes d'Avignon.

L'amour ne sauve pas seulement Nerte, mais aussi son chevalier, sacripant dont voici les traits : « C'était le capitaine du palais, messire « Rodrigue de Lune, car du vieux pape il était « neveu. Son épée ne tenait pas au fourreau. Il « avait deux yeux de braise, une moustache, une « barbiche noire et fine comme poil de taupe ; et « puis malheur à qui le heurte ! Dans Avignon « parfois il s'aventurait à la brune, escaladant les « hautes treilles ou chantant sur les perrons : A « l'amoureux dont le cœur bat venez ouvrir, « venez la belle ! — Mais des frasques plus « grosses, des crimes fous, des atrocités... » Voilà-t-il pas un portrait qui dut ressembler souvent, au XIVᵉ siècle et plus tard, si l'on écoute les chroniques du Comtat ! Les mœurs félines de l'Italie avaient envahi la cité des papes, devenue celle des anti-papes, et qui croulait alors sous les boulets du condottiere Boucicaut, maréchal du roi de France. « Des engins « de guerre l'explosion depuis cinq ans fait reten-

« tir les voûtes du palais gigantesque. » Avignon apparaît ce qu'il est en partie resté, avec les illuminations nocturnes de ses madones au coin des ruelles, ses fresques de Memmi, et à l'horizon ses montagnes, ses sorgues claires, ses bourgs en fête, « les villes qui ponctuent la riche « terre du Venaissin » et l'incendie du crépuscule sur le Ventoux neigeux.

Ces splendeurs violentes et ces ors conviennent au Comtat ; mais la muse de Théocrite, la muse grecque, se réveille dès que le poète nous ramène vers la royauté d'Arelas. Le long de la voie arlésienne, princes, barons et damoiselles à travers prairies et jardins chevauchent joyeux :

> Vès li calendro, faguè Nerto,
> Ah ! se poudian èstre d'auceù ;
> Roudrigo, vès li dindouleto,
> Nous an rasa de soun aleto !

« Voyez, dit Nerte, les calandres ; ah ! si nous « pouvions être des oiseaux ! Rodrigue, voyez « les hirondelles, elles nous ont rasé de leur « ailette. »

Sur la fin, après une théologie sentimentale à ravir saint Augustin, les légendes classiques se mêlent au christianisme : le conte s'achève sur une métamorphose d'Ovide, la métamorphose du corps de Nerte en statue — idée grecque — tandis que les anges reçoivent son âme.

Quau canto
Soun mau encanto.

(*Qui chante, son mal enchante.*)

Aubanel.

L'amour n'étant jamais un ridicule dans le Midi, le poète ou l'artiste volontiers confie au livre ou à la toile les traits exacts de sa passion ; il se réjouit et pleure devant un public où peu de pharisiens se voileront la face.

Mistral présenta, en quelques pages d'une saveur très provençale, l'amoureuse confidence d'Aubanel : *La Miougrano entreduberto.* C'est tout un coin de Vaucluse, soleillé, fleuri de myrtes et de roses. Même dans la traduction chante l'extase délicate et naïve de ce pays : « Le grenadier est plus sauvage que les autres « arbres, il aime à croître dans les cailloux amon- « celés, aux lieux où rayonne le soleil, loin des

« hommes et près de Dieu. Là, seul comme un
« ermite, au hâle de l'été il épanouit en cachette
« ses fleurs sanglantes. L'amour et le soleil
« fécondent l'épanouissement ; dans les calices
« rouges se créent mille graines de corail, mille
« jolies sœurs, couchées toutes ensemble sous
« la même couverture... Théodore Aubanel est
« un grenadier sauvage. Le public provençal
« commençait à se dire : — Que fait donc notre
« Aubanel que nous n'entendons plus chanter ?
« — Le pauvre enfant chantait en cachette. L'a-
« mour, la divine abeille qui fait un miel si doux,
« mais qui contrarié laisse des piqûres si vio-
« lentes, l'amour avait plongé dans son cœur un
« aiguillon terrible. Pour ôter de son front le
« vertige qui le consumait, il partit d'Avignon à
« la garde de Dieu. Il vit Rome, il vit Paris.
« L'épée au flanc, il revint en Provence ; il par-
« courut les montagnes, la Sainte-Baume, le
« Ventoux, les Alpes et les Alpines. Mais la
« rose était effeuillée, il ne restait que les épines,
« et rien ne les pouvait arracher. »

Comme du Bellay, Aubanel regrette au bord
du Tibre sa patrie : « Tu es pour moi, ô Colysée,
« les Arènes d'Arles ! » Mais ce qu'il pleure de
cette patrie, c'est l'en-allée : « Sur terre, sur mer,
« je croyais laisser quelque chose de ma peine.
« C'est le temps qui fuit, ma vie qui s'use, et
« mon cœur est toujours plus triste et plus amer. »
Au retour, la joie provençale aiguise sa douleur :

> De si bastido li chatouno,
> Li chatouneto galantouno
> Cantant emé lou rossignoù...
> Soùn pas soleto.
> Ah ! que la joio reviscoulo !
> Anen, fasès la farandoulo ;
> Risès, ieù ploure !

« Riez, je pleure ; ô mon cœur, pourquoi n'es-
« tu pas mort ? »

Avec une précision classique, le poète cependant perçoit à travers ses larmes les réalités extérieures. Tel tableautin de vie paysanne rappelle Virgile ; tel épithalame ressuscite dans le décor vauclusien les mœurs romaines. Et si Latin, si amoureux de la vie est Aubanel que, revenant à sa douleur, au lieu d'implorer la vieillesse, de s'enclore en la septentrionale volupté des renoncements, il dédie à la jeunesse son hymne de deuil : « N'ai-je pas assez payé « ma jeunesse ? N'ai-je pas assez payé mon « amour? Sous la treille à demi-morte, en en- « trant, près de sa porte j'ai lu : Maison à vendre. « Personne ! Plus personne ! Je n'y veux croire. « Toujours au seuil mon cœur revient. Miroir, tu « ne me la montres pas, toi qui la voyais si sou- « vent ! »

Crier contre cette soif d'amour que rien n'apaise, envier aux enfants les maternelles caresses, évoquer en son hospice, plus brune sous sa coiffe aux ailes blanches, l'oublieuse à qui des malades peuvent dire : ma sœur, tout

cela dans la logique de la passion méridionale
eût conduit l'abandonné au suicide des héros
d'Ovide ; mais il reste chrétien. Et c'est ici, dans
le domaine spirituel, que ce latin rejoint l'hellénique Mistral.

Un sentiment profond de la famille préoccupe
l'âme saine d'Aubanel. Il réprouve l'égoïsme
conjugal contre l'enfant. « Ceux qui pratiquent
« la stérilité volontaire tremblent au bord de la
« damnation. » A cet anathème de Rosevelt répu-
gnerait la lyre douce d'Aubanel ; il préfère exalter le charme des berceaux, et, remontant aux
sources antiques, célébrer l'allaitement. Il dit
ensuite l'idéal de la famille, la crèche de
Bethléem, vers laquelle montent les appels des
foules piétinées par les oligarchies payennes.
Jésus leur répond : « C'est moi, pauvres esclaves,
« qui suis votre Sauveur. Vos maux, je les savais ;
« quand ils vous ont frappés, je voyais tout, j'ai
« dit à mon Père : « Ce qu'ils souffrent, je le veux
« souffrir. » Me voici. Je suis venu porter vos
« misères, manger le noir pain de vos douleurs ;
« je suis venu vous signer d'un même baptême,
« celui de mon sang. Sur la croix des esclaves je
« mourrai cloué. Pour Mère, sur ma croix, je vous
« donnerai ma mère ; nous serons comme frères
« de lait. — Les esclaves tressaillirent, et dans
« l'étable ils crièrent : « César, à toi, de trem-
« bler ! »

Aubanel dédie son recueil à Marie Immaculée :
« Enfestoie (*enfestoulis*) l'œuvre de félibre ! »

Que Notre-Dame de Provence et d'Afrique protège la patrie des dilections et la terre des vieux martyrs !

Tel est ce livre de sincérité et de si forte santé morale. En le fermant, on souhaiterait d'avoir serré la main du poète, tandis qu'en quittant l'*Intermezzo* le vaporeux enchantement se confond avec la fumée du cigare qu'on imagine aux lèvres du soupirant épicurien. Bien plus violent qu'entre Brizeux et Mistral contrasterait un parallèle entre Henri Heine et Aubanel. Paysage ou tendresse, tout est fantômatique chez le poète allemand ; chez le félibre tout est dessin précis, passion vraie. Heine s'aime, se pleure lui-même, et transfigure le monde en son rêve. « Il y a dans le Nord une femme très belle. » C'est cette irréelle Walkyrie qu'il a chantée. On devrait, au début de l'histoire littéraire, opposer à la subjectivité du romantisme septentrional la poésie objective du Midi classique.

L'aîné parmi les sept enfants d'un soldat d'Austerlitz, Joseph Roumanille vit le jour à Saint-Rémy, en 1818. Plus encore que d'avoir écrit les *Sounjarello* et les *Margarideto*, sa gloire est d'avoir formé Mistral. Ce que les athées nomment le hasard lui avait amené pour élève à Avignon cet enthousiaste de quinze ans qui, à la lecture de ses poésies provençales, s'écria : « Voici l'aube que mon âme attendait « pour s'éveiller à la lumière. »

Roumanille n'avait abandonné la langue française que pour être compris par sa mère, l'associer mieux à la joie de ses succès. Homme au grand cœur, toujours il chérit le peuple qui appelait « notre Rouma ». Par lui le félibrige

pénétra les masses ; il fut l'écho profond de la
conscience provençale, de ses croyances, de ses
délicatesses exquises et de l'énergie amassée aux
foyers ruraux. Les grandes fêtes méridionales,
Calendo (Noël), Pâques, l'Immaculée Conception,
et les sanctuaires préférés, Lourdes, Sant-Gèns,
Sainte-Anne d'Apt, les Saintes-Maries, lui inspirèrent des cantiques que le peuple continuera
de chanter. Il dit la bûche joyeuse auprès de la
Crèche, les pastorales naïves, les séraphins, les
œufs colorés de Pâques, les traditions chrétiennes du Comtat auxquelles l'Antiquité et le
Moyen-Age ajoutent leurs muses champêtres,
leur fée aux fleurs. L'allure provençale caractérise toutes ces *œuvrettes* : « Muse, viens sur mes
« genoux, allons, viens vite, petite amie ! Je te
« ferai encore un baiser, encore un baiser sur
« tes petites lèvres. »

Roumanille a écrit des Contes provençaux,
scènes pittoresques ou satires de mœurs. M. Félix
Hémon nous les présente : « Vous imaginiez
« peut-être sa muse sous les traits d'une Sœur de
« charité, dont la piété serait égayée par un sou-
« rire. La voici maintenant vêtue en fille d'Avi-
« gnon, au regard libre, au franc parler. » Ainsi
le poète des *Flour de saùvi* assouplissait à la
prose l'idiome roman.

Le félibrige cependant s'organisait. En 1862,
aux Jeux floraux de Sainte-Anne d'Apt, Roumanille se fiançait à la *gagnarello* du bouquet de
violettes, Mlle Anaïs Gras. Mistral élu capoulié,

les plus nobles dames briguant le titre de reine
et la cigale d'or, le temps des cours d'amour
semblait refleurir. Le Languedoc, la Catalogne
alternaient avec les Bouches-du-Rhône et le
Vaucluse comme sièges des assises poétiques.
En 1874, M. de Berluc-Pérussis instaurait un
centenaire de Pétrarque ; quarante académies
italiennes, espagnoles ou provençales scellaient
à Vaucluse l'union intellectuelle de la race
latine. Puis, au couronnement de Notre-Dame
de Provence à Forcalquier, l'abbé de Terris
replaçait dans la chaire chrétienne l'idiome
roman. Enfin, les mœurs provençales conqué-
raient le grand public sous la plume d'écrivains
français : Mariéton, Jean Aicard, Soulary,
Alphonse Daudet, Paul Arène. Roumanille avait
le droit de s'écrier : « *Aro, moun Dieù, pode*
« *mori !* Maintenant, mon Dieu, je puis mourir ;
« j'ai vu fleurir l'arbre que j'ai planté en Pro-
« vence. »

Il s'éteignit d'une mort patriarcale et souriante, le 24 mai 1891, à l'heure où se célébrait
aux Saintes-Maries le traditionnel pèlerinage,
mais aussi à l'heure où une phraséologie jaco-
bine inaugurait le monument burlesque qui,
sous couleur de commémorer la réunion du
Comtat à la France en 1791, symbolise sur la
principale place d'Avignon le Midi braillard.

Comme pour opposer à cette vulgarité tapa-
geuse la conscience provençale, le surlendemain
les populations accoururent saluer le cercueil

fleuri du poète qui, sous les platanes des routes blanches, d'Avignon à Saint-Rémy, s'en allait vers le mas *di Poumiè*, coin normand de cette terre multiforme. Là l'âme de Roumanille avait commencé de s'ouvrir au soleil et au chant des cigales. Les cloches d'Eyragues, de tous ces lumineux villages, s'étonnèrent de tinter pour un deuil. L'ardente parole de Paul Mariéton, une poétique homélie du R. P. Xavier de Four-vière, célébrèrent le résurrecteur de la littérature romane, le chrétien magnanime qui venait rejoindre sous leur épitaphe provençale son père et sa mère.

Pour mieux comprendre que le génie de la
Provence fut hérité de la Grèce et de l'Etrurie,
considérons, par de là le Rhône, ce qu'importa
le Latium : la rudesse de Nîmes, son fanatisme
mais aussi son énergie religieuse, son inapti-
tude aux arts et son goût du sang, mais en
revanche sa vigueur sociale. Nîmes, berceau
des Antonins, fait plutôt rêver de César ou
de Néron. Les visages, si ouverts en Provence,
se renfrognent en cette ville huguenote, aux
galbes étroits de durs Romains. Les Ibères et
les Maures y ajoutèrent leur passion bilieuse.

Les arènes, que dans Arles on oublie pour le
théâtre, sont tout à Nîmes. Formidablement elles
évoquent, avec leurs *corridas de muerte*, la

Rome du IIe siècle ou l'Espagne. Otez le christianisme à cette foule délirante, vous allez revoir les pluies parfumées qui tombent du velarium, les entr'arcades abritant le lupanar, sur l'arène Mercure touchant de son fer rouge le gladiateur égorgé, les esclaves jetés aux tigres, puis l'angoissant contraste de clowns, enfin la naumachie, l'eau des aqueducs envahissant la piste, un combat naval où les vainqueurs noient à coups de rames les malheureux qui se raccrochent. Tels furent les plaisirs que Rome, démoralisée par l'Empire, importait dans les provinces, et sur lesquels se rua Nîmes. Elle en retient aujourd'hui tout ce que lui permettent une société christianisée et les gendarmes. Parmi les courses de taureaux, Nîmes choisit les plus frénétiques, les plus somptueuses, les plus sanglantes, **celles des quadrillas madrilènes.**

*La course provençale diffère essentielle-
ment de la course espagnole; on n'y voit
jamais ces déplorables scènes d'abattoir.
Elle est une réminiscence des courses thessaliennes.*

Charles LENTHÉRIC.

Le Bas-Empire grec n'a pollué qu'Arelas et
Massilia par sa corruption moins sanguinaire
que celle de Rome ; les mœurs homériques survivent dans les campagnes. Tel le Théagène
d'Héliodore galope après un buffle, le terrasse
d'une main, élève l'autre en signe de victoire,
tel le gardian camargue, ayant lazzé le taureau,
le renverse par les cornes, tandis que la belle de
la *ferrade* marque au fer rouge ce nouveau fauve
du troupeau. Chaque juin, un cadre de gardians
cerne une manade, la pousse jusque dans Nîmes
ou dans Arles pour les Jeux. Scène minutieuse-
ment antique : les chevaux blancs au garrot

épais reproduisent les invraisemblables coursiers du Parthénon ; les picadors à pied continuent la lutte à la corne, la κερατισις des médailles thessaliennes.

L'Hellène ne sacrifiait ni le corps à l'intelligence ni l'âme aux muscles. Pareillement l'eussent révolté le rachitisme de nos bacheliers et l'ignominie de nos courses d'automobiles. Il développait parallèlement la pureté des formes et les pensées nobles.

Cette dignité, innée en la race, s'accroissait dans les gymnases et les académies. La Grèce importa en Provence l'éphébie, dont d'inévitables abus ne doivent pas faire méconnaître la valeur civilisatrice. Massilia posséda ses enseignements de gymnase, de rhétorique et de poésie, ses écoles de peinture et de sculpture où l'on célébra la Beauté.

Une jalousie nous pénètre à voir l'Hellène éviter la loi d'affliction qui si rudement pèse sur les peuples. Nous dont les martyrs endurèrent les brasiers, relirons-nous sans amertume la mort clémente de Socrate ? Nous qui, sombres Barbares, durement peinâmes pour défricher nos halliers, dégrossir nos intelligences, éveiller en nous la vie divine, considérerons-nous sans amertume les harmonieuses existences d'hommes que nourrissait une olive, qu'instruisait sous l'azur un parterre de statues, et que spiritualisait, après Platon, quelque homélie du saint aux lèvres d'or ?

La Provence hérita ces trop belles destinées de l'Ionie. Fatigué parfois de sa sérénité, je me retourne vers le peu qui fut romain en elle, j'écoute le pas des légions ; elles compensèrent les hontes de l'Empire, puisque la corruption se lave par le sang.

La Provence eût fini par montrer envers César
les sentiments de Brutus. Son héros populaire
est Marius.

Républicain celui-là, et ancêtre des héros de
la Sambre qui, pour prix de leurs nuits d'hiver
dans les marécages, ne demandaient à la Convention que des souliers ! Lorsque l'invasion cimé-
rienne se rue de la Gaule sur l'Italie, le Sénat
confie à Marius le salut de la patrie. Et lui,
dédaigneux des vains lauriers, avec la massive
puissance de la Rome des vieux temps, il néglige
les provocations des Cimbres ; il s'approvisionne,
se retranche. Il creuse à travers la Crau les
Fosses Mariennes pour amener jusqu'à son
camp les galères. Après un an d'expectative, les
« mulets de Marius » redeviennent des légions.
Alors, surpris dans leur désordre de route, les
Cimbres sont exterminés non loin d'Aix, au lieu

qu'attestent le nom sinistre de Pourrières et le souvenir *doù déloubré de la Vittoria*, du temple de la Victoire.

Marius expirera, dernière grande figure de la République, victime de Sylla, du précurseur des Augustes qui, par ses proscriptions, inaugure les temps néroniens. Et peut-être importait-il à l'affirmation surnaturelle du christianisme que le Sermon de la Montagne retentît sous Tibère plutôt qu'aux jours de Caton.

Arles ne fut pour la conquête romaine qu'un grenier, la nourrice des armées, *mamillaria Arelas*. Trop imprégnée d'art grec et d'orientale mollesse, les colons du Latium lui préférèrent Nemausus, bâti à leur rude image dans une clairière des garrigues. De grâce antique Nîmes en montre peu, hormis l'enseigne de la bouquetière qui ne vendait qu'aux amoureux ses fleurs : « *Non vendo nisi amantibus coronas.* »

A Nîmes, point de théâtre, peu de statues. Tandis qu'Arles triomphe dans la vie intellective, Nîmes tend plus bas ou plus haut : sa honte, ce sont les Arènes et les Bains ; sa gloire, les stèles votives et les temples.

Stendhal a trop magnifié la délicieuse *cella* si sottement dénommée Maison Carrée, pour que l'on s'ose risquer à en vanter les colonnes intactes, leurs chapiteaux corinthiens, leurs fines cannelures. Mais combien jaillit plus sublime la cathédrale de Chartres !

N'importe, la sincérité du désir mesure les âmes. Ils furent, ces bronzes votifs, de vrais *ex-voto*, ainsi que les dédicaces sur pierre des pauvres gens qui, croyant remercier le dieu Nemausus, bénissaient Dieu. J'évoque leurs prières parmi les ronces fleuries du temple de Diane, dont les voûtes écroulées, si charmantes encore, proches des bassins, revoient, aux nuits bleues, les divinités des fontaines, fées celtiques et naïades, et les ombres des Orantes qui, les bras étendus, imploraient le Ciel, après s'être humecté les yeux et le front. Ils jetaient quelque sesterce au creux sacré de la source ; et de ces offrandes s'est constitué le trésor numismatique qu'on montre à la Maison Carrée.

Religieuse, militaire, telle apparaît la Nîmes d'avant l'Empire. La masse de la tour Magne, invite aux futurs Foulques-Nerra, fut-elle un ouvrage de défense ou un signal pour les pilotes? Otez quelques pilastres, c'est le donjon de Loches. On croit plutôt à un phare ; l'entrée du Rhône était éclairée, et balisée aussi par des tours, des amers en planches goudronnées. Les Méditerranéens se montraient bons aux navigateurs ; **saint Paul à demi noyé est recueilli par** les payens de Malte. Il faudra, hélas ! quinze siècles de christianisme pour transformer en Sauveteurs bretons les naufrageurs.

Avant la pénétration latine, on allait plus aisément d'Egypte à Marseille, que de Marseille aux oppida celtiques. Mais Rome couvrit la Gaule du gigantesque réseau de voies bétonnées et dallées qui servirent ensuite au Moyen-Age. Nîmes fut station sur la route de l'Espagne à Arles où se ramifiaient trois voies vers l'Italie : celle d'Apt, celle d'Aix, celle de Marseille, tandis que la voie Lugdunaise conduisait au réseau du Nord.

L'on voudrait s'arrêter à cette phase civilisatrice de Rome, fermer les yeux sur l'Empire, ses arènes et ses thermes. Il faut pourtant te quitter, obscur légionnaire qui, déposant ton armure, sapais les forêts druidiques, endiguais les marais de la Germanie ; ô toi de qui Tacite nous a perpétué l'âme ; toi qui croyais à la fortune de Rome, vénérais les manifestations de la Providence, et protégeais contre le despotisme des Imperatores les veuves de tes généraux proscrits ! Va-t-en ouvrir une route à la parole du Christ, et laisse-nous douloureusement contempler dans Nîmes le snobisme d'un patriciat dégénéré, l'oisiveté de casino devenue l'occupation exclusive des descendants de Caton !

Il semble que l'Empire ait pris pour maxime le mot de Cassiodore : « Les hommes oublient « tout pendant qu'ils s'amusent. » Dans les garrigues du Languedoc oriental le voyageur débouche des chênes verts au-dessus d'un torrent que franchissent trois rangées d'arcatures titaniques, bâties, sans mortier, de blocs que ce climat sec a laissés neufs. C'est le Pont du Gard qui enthousiasma Jean-Jacques. Dans ce paysage de malédiction, il raconte ce qu'un peuple d'esclaves pouvait faire en quatre mois pour le caprice de despotes. Cet aqueduc, qui aboutit à un tunnel éboulé, amenait l'eau pour les thermes et les naumachies de Nîmes.

Si la propreté corporelle lavait le cœur, on comprendrait qu'au sortir des arènes le Romain ait consacré le reste du jour à passer des bains chauds aux *frigidaria*, des bains de vapeur aux piscines de natation. Les thermes devinrent de véritables cités où la vie sociale, bannie du forum, se réfugia. Une décadence tombe au-dessous de la barbarie. Les thermes nîmois, conservés dans les bassins de la Promenade, et l'ovale énorme de l'amphithéâtre reportent presque attendrie notre pensée vers les tribus celtiques dont le médaillier nous a conservé les noms.

*Je ne sais pas si, à l'exception de l'Ita-
lie, il existe un point où le parfum de la vie
antique puisse se respirer plus fortement
que dans cette région qui fut la Province
par excellence. Sur cette terre élégante, au
dessin si précis et si pur, sous cette lumière
éclatante, sur ces champs rouges où l'olivier
verse son ombre fine et grise, subsistent des
œuvres et des souvenirs qui ne dépareraient
pas la Grèce elle-même, mère de toute
beauté.*

HANOTAUX.

Orange, illogiquement attique dans un arc de
triomphe et romaine dans un théâtre, atteste le
bizarre mélange des deux civilisations sur le
Rhône.

Malgré le proverbe : « A Valence le Midi com-
« mence », Orange est le vrai seuil de la région
provençale, dont le Comtat Venaissin ne fut déta-
ché que politiquement. Valence garde un peu de
l'affreuse humidité du Lyonnais ; Orange fait
pressentir Nice : la pluie n'y désagrège aucun
bas-relief.

Le génie provençal aussi commence là, avec

ses finesses intuitives, sa dilection substituée au
principe d'autorité, mais avec, en revanche, cet
amour souvent tourné en haine, et des indigna-
tions sans respect même pour le malheur. Elles
sont grosses de psychologie nationale, ces lignes
de Thiers sur le voyage de l'Empereur détrôné :
« Jusqu'au milieu du Bourbonnais, Napoléon fut
« accueilli par les acclamations. Entre Moulins
« et Lyon le peuple ne montra que de la curiosité.
« En avançant vers le Midi, les cris de : Vive le
« roi ! se multiplièrent, et bientôt s'y ajoutèrent
« ceux de : A mort le tyran ! A Orange ces cris
« furent proférés avec violence. A Avignon la
« population ameutée demandait avec emporte-
« ment qu'on lui livrât le Corse pour le précipiter
« dans le Rhône. A Orgon les commissaires
« durent faire prendre à Napoléon un dégui-
« sement ; le peuple, armé d'une potence, se jeta
« sur la voiture impériale. »

Royaliste ou républicaine, exigeant une Restauration sans charte après avoir pleuré Robes-
pierre, la Provence concentrait sur Napoléon sa
haine de peuple classique contre quiconque élève
l'épée au-dessus du pouvoir civil. N'importe,
Stendhal, méridionaliste cependant, eut raison
d'écrire : « Quelle honte pour la France si elle
« eût assassiné Napoléon ! » J'hésite, je songe,
car il fallait tout de même que la voix des veuves
et des mères fût représentée ! Et ce cri vengeur
que jetaient les cités du Rhône, l'Empereur l'avait
perçu d'avance dans la nuit de Fontainebleau.

A Orange, le soldat populaire, c'est encore
Marius. L'arc de triomphe célébrait, croit-on, sa
victoire sur les Cimbres. Monument délicieux,
où la sévérité des bas-reliefs, armures, proues,
faisceaux, s'harmonise avec la finesse des chapiteaux et les impeccables proportions des trois
arcades.

Devant cet édifice intact à l'entrée d'une large
avenue d'arbres, je goûtai la sensation de revivre
le contemporain de Marius, sensation inverse à
celle des ciels endeuillés de mon pays où la
guerre de Vendée s'estompe au fond des âges.
Nos soleils qu'attriste toujours un fond de brume
semblent faits pour éclairer les choses qui
meurent, pour luire à des vieillards sur une cour
d'hôpital ; là leur charme !

A l'autre extrémité d'Orange, le gigantesque
et sombre mur qu'on croirait un rempart de
Titans, long de cent trois mètres, haut de trente-
six, fermait la scène du théâtre en face des gradins taillés dans le roc. Autant on respire l'Hellas au théâtre d'Arles, autant pèse sur celui-ci
l'ombre de Rome. Nulle grâce ; et l'on n'y
découvrit qu'austères bas-reliefs, une Minerve
guerrière, un Mercure, un gladiateur, un Tauro-
bole, vestige mithrique fréquent dans les bourgs
rhodaniens. Le théâtre coudoie les ruines de
l'Hippodrome et une porte triomphale. Cette
impression militaire de l'antique Arausio se
poursuit dans la ville moderne avec les statues
des **comtes d'Orange**, la place d'Armes, et le

Monument aux morts de 1870. Orange est la seule ville du Sud-Est qui élise des candidats étiquetés nationalistes ; toutes les autres ont voté jusqu'aujourd'hui pour des royalistes ou des radicaux-socialistes.

Le flot des invasions s'acharna sur les édifices religieux. La cathédrale actuelle fut reconstruite en 1085 sur les débris de celle qui reçut les évêques des conciles. L'Eglise marque partou le chenal entre des erreurs opposées : en 475 les conciles d'Arles et de Lyon condamnaient les Prédestinatiens, négateurs de la liberté humaine ; en 529 le deuxième concile d'Orange repousse l'hérésie des Semi-Pélagiens qui niaient la nécessité de la grâce.

*Faire de la Provence une terre d'éduca-
tion analogue aux seules ruines de Sicile
et d'Athènes...*

Paul MARIÉTON.

Le **Félibrige** paraissait au bout de sa tâche
quand il rebondit sur l'idée d'utiliser le théâtre
d'Orange et les somptueuses nuits de l'été provençal pour des représentations d'Euripide et de
Sophocle. Quelques restaurations de la scène et
des gradins, un appel aux artistes de la Comé-
die-Française et de l'Opéra, permirent de monter
d'abord *Alceste* et *Iphigénie*. En 1902, la « So-
« ciété du Théâtre antique d'Orange » donna
Œdipe-Roi et les *Phéniciennes*. Après une relâche
de dix-sept siècles, le proscenium d'Arausio réentendait, aux lèvres de Mounet-Sully et de
Mme Ségond-Weber, la religieuse lamentation
de l'Aveugle et la filiale piété d'Antigone. Une
foule mi-parisienne, mi-provençale, revoyait le
chœur virginal de ces *Phéniciennes*, dont la pre-

mière représentation à Athènes date de la quatre-vingt-treizième olympiade ; elle s'attendrissait sur la douleur sereine de l'âme antique en écoutant le père du petit Ménécée : « Ne jetez pas sur « cette urne la fleur des vieillards, l'immortelle ; « cet enfant n'a vécu qu'un jour. »

L'on risqua ensuite plusieurs pièces modernes. Il ne pouvait évidemment s'agir de la pacotille salonnière de quelque Gondinet, mais du seul genre qui nous restitue une ombre du théâtre grec, l'opéra, encore que la soumission de la pensée à la musique en fasse un art de décadence. On choisit des drames lyriques de saveur orientale ou classique : *Hérodiade*, *Samson et Dalila*, les *Barbares*.

L'enthousiasme gagna le Languedoc. Béziers connut le probable chef-d'œuvre des Anciens, le drame messianique, *Prométhée*. Suivant la même évolution qu'à Orange, on représenta, avec le concours de Mme Dieulafoy, le *Parysatis* de Saint-Saëns. Mais déjà de l'Hellas nous voici loin avec ces cinq mille mètres de décors, ces ballets fastueux, ces meutes, cette scène continuée sur la piste.

L'apparent dédain de Rome envers les *Grœculos*, les petits Grecs de la Narbonnaise, pourrait bien cacher la défiante jalousie des soldats de Bonaparte à l'égard des idéologues. Ces petits Grecs avaient produit mieux que des grammairiens. Six siècles avant que Marseille, devenue la « Corinthe des Gaules », eût fait appliquer à la débauche l'expression : « Massiliam navigare », le géographe massaliote Pythéas découvrait Thulé (l'Islande), longeait la Baltique, et écrivait ses voyages dont Pline et Strabon nous conservèrent plusieurs fragments. En même temps, la République phocéenne envoyait Euthymène ouvrir des débouchés au Sénégal.

Quand Rome soumet la Gaule, Massilia reste pour elle une alliée libre. Les empereurs maintiennent ses privilèges, ses colonies. Malgré son nom latinisé, elle demeure grecque ; nous n'y rencontrerons point d'arènes. Aussi bien, an-

cienne amie, avait-elle de son or et de ses flottes
soutenu Rome contre les Gaulois et contre Annibal. Séculairement autonome, elle réclamera
sous les rois de France, aujourd'hui sous la République, un port franc.

Si vieille, elle n'a point de rides et se renouvelle sans changer presque. Les regards de ses
femmes racontent l'Orient. Ses paquebots appa-
reillent pour les plages que visitèrent ses trirèmes ;
seulement ils cinglent plus loin, vers ces au-delà
de Thulé que Sénèque avait prédits.

Voluptueuse et joyeuse, privée du charme in-
time des burgs du Nord, parlant aux yeux par
ses éblouissantes montagnes et sa mer azurée,
mais ne gardant rien pour le rêve, Marseille est
bien la ville où je ne voudrais pas vivre ! Elle n'a
point, comme Avignon ou Arles, d'abris pour les
heures découragées. Contemporaine des Pyra-
mides, elle chasse d'un coup d'éventail la majesté
de la mort. Je la devine plus agissante que pen-
sante, plus levantine qu'orientale. Tant visitée par
la Grèce, elle n'a produit ni un initiateur d'art
ni un vrai poète, et les saints n'ont fait qu'y
passer.

L'on peut oublier une journée devant la voile
triangulaire et le court mâtereau des tartanes,
l'agitation mondiale des ports, les bataillons de
trois-mâts, les solennels départs de transatlan-
tiques, les camions débordant d'oranges, les
canots à tapis écarlate évocateurs de Venise ;
s'attarder au quai de la Poissonnerie, où rutilent

citrons et langoustes, oursins sanguinolents, mille bêtes de mer, et le safran qui dore la bouillabaisse, et les glorieux fruits : kakis, mangues, bananes, dattes, pastèques, poncires, auprès desquels nos pommes se font si humbles. L'on peut s'attendrir au nom pieux des barquettes qui présagent les felouques ioniennes où vit une famille devant la petite lampe allumée aux pieds de la Panagia. Mais pour sentir grandiose Marseille, montons au sanctuaire de la Garde, phare mystique surgissant au-dessus d'un cercle immense de toits rouges et de monts blancs ; avec, là-bas, le promontoire de Notre-Dame-d'Afrique, il veille, les soirs, sur la mer violette d'Odusseus et de saint Paul.

Je préfère encore Marseille à Aix.

Le dix-septième siècle, tolérable dans la mélancolie de Versailles, a imposé sur deux villes son stigmate de pompeux ennui : Rennes et Aix. Le contraste éclate comme à plaisir au cœur de l'indépendante Bretagne et de l'idyllique Provence. L'on en voudrait chasser ces ombres de parlementaires à perruques. Aix plaira aux gens que ravissent les cours sépulcrales d'hôtels, les mascarons et les fers forgés ; hormis les fontaines, partout le luxe égoïste remplace l'art collectif des cités antiques et du Moyen-Age. Ceux qui ne sauraient pardonner à la Dacier d'avoir ridiculisé Homère, s'affligeront à la pensée que l'épisto-

laire Sévigné et tant de présidents à mortier
aient, pour arriver jusqu'ici, traversé Arles. Il
n'y manquait plus que Louis en personne ! Seuls
trois écrivains de ce temps-là pouvaient visiter la
Provence : Fénelon, Racine, et l'évocateur charmant des fées.

L'heureux, le criminel XVII° siècle, a moissonné la foi cultivée par le Moyen-Age ; il a semé l'incroyance des jours présents.

L'âme provençale apparaît, comme les Arènes, une ruine encore debout, avec ses effondrements, ses places intactes, ses voûtes sans support que des vols incertains effleurent, chauves-souris ou oiseaux du ciel. J'y reconnais, parmi les délicatesses de l'intuition platonicienne, les puissantes assises de la pensée romaine, le grand cœur des Marius et des Scipions, lesquels, avant d'engager

un combat suprême, sacrifiaient publiquement à
la Divinité. J'y retrouve la sainteté des disciples
palestiniens qui apportèrent ici la Parole dont
Socrate et Virgile avaient pressenti les effluves.
Vous rencontrerez encore certains fils des Provençaux qui composèrent le chant de Pâques, ce
rayon de soleil liturgique, et sculptèrent Saint-
Trophime. Mais, parce que « le sel de la terre »
s'étant affadi, le prêtre ne cherche plus la brebis
égarée, et parce que les fidèles abusèrent de la
Grâce, on voit à beaucoup d'hommes, quand le
hasard les introduit dans quelque église, l'éton-
nement d'une sécurité disparue.

Que n'a-t-on brûlé moins d'hérétiques et plus
de livres ! Cependant, puisqu'un Spinoza et un
Voltaire purent écrire, ne reste-t-il vers Dieu
aucun chemin provisoire pour les foules trom-
pées, jusqu'à ce que surgisse un apostolat intellectuel ? J'ai confiance aux grâces succédanées
et au cri de saint Paul : « La charité est plus
« excellente que la foi. » Souvent même, par cette
charité, la foi retirée des lèvres couve dans le
cœur. Seul espoir présentement pour tant de régions déchristianisées !

La Provence n'est pas à ce point déchue. La
patrie de Jean de Matha et de Belzunce savait
qu'un amour limité n'est pas l'amour ; elle répu-
gne encore au matérialisme, et ses femmes la
protègent. Jadis Marthe y enchaîna le démon,
Madeleine la sanctifia par sa pénitence, Catherine
de Sienne la délivra des anti-papes. Elle connaît

la puissance de l'Ave Maria. La Vierge étend les bras sur ses villes. La proclamation du dogme de l'Immaculée Conception fut arrachée au Nord par le Midi, qui rencontra au fond de l'amour la pureté absolue.

Mais, l'innocence eût-elle disparu de ce pays, que ses derniers pèlerins s'en iraient encore implorer pour lui, dans les rocs désolés de la Sainte-Baume, celle qui fut le repentir pardonné.

Le séjour de Marie-Madeleine en Provence a
été nié. L'une des plus attristantes pages de l'histoire chrétienne aura été le spectacle de quelques
prêtres s'amusant, sous prétexte de circonscrire le
feu, à verser du pétrole sur l'incendie rationa-
liste de nos croyances. Après avoir sarclé dans
le Bréviaire deux ou trois plantes douteuses, ils
s'attaquèrent, armés de grimoires et contre l'évidence archéologique et traditionnelle, aux plus
grandioses souvenirs de l'Eglise. Récemment
encore, devant cette prodigieuse photographie
du Saint-Suaire, par laquelle la Providence ac-
cordait à notre scepticisme une inattaquable
attestation des évangiles, l'un d'eux opposait à
l'enthousiasme des catholiques et aux aveux

d'impuissance de la négation scientifique, ses dissertations railleuses, d'une argumentation à faire pitié. Des textes, des textes ! réclament-ils, comme si trois mots obscurs, la pensée malaisément reconstituable ou douteusement informée d'un annaliste, pouvaient prévaloir contre cette conscience des peuples que représente une tradition, et surtout contre la rigueur d'un fait archéologique ou d'un phénomène physique !

Effort vain. L'Eglise conservera la parure variée dont ils la voulurent dépouiller, comme elle a su soustraire son corps même aux disséqueurs rationalistes. Car, non seulement les exégètes anglais ont réduit à néant les attaques des Strauss et des Reuss, obligé Renan à confesser l'authenticité des quatre évangiles, mais les fouilles archéologiques partout démontrent l'exactitude des traditions locales : ainsi le P. de la Croix retrouvait à Glanfeuil le tombeau de saint Maur et, dans le Poitou, diverses sépultures de bienheureux aux places indiquées par ces hagiographes que la critique traitait de fabulistes. La critique a raillé naguère l'écriture au temps de Moïse, l'existence d'Abraham, les faits du Deutéronome et de l'Exode ; or les fouilles égyptologiques ou assyriologiques ont donné partout raison à la Bible. Aux légendes mêmes du paganisme les découvertes modernes des Champollion, des Schlimann, des Dieulafoy, les travaux de Gaston Paris restituent un fond de vérité historique. La Troie d'Homère, Delphe, Mycènes, ainsi que la

Ninive de Jonas, revoient le jour. Les fouilles d'Ephèse confirmèrent les révélations de Catherine Emmerich sur la maison où vieillit la Mère du Christ. Vraiment ce serait l'heure pour les éplucheurs de virgules, les songe-creux à systèmes, de rentrer leurs ricanements et leurs bésicles !

Qu'opposaient-ils donc au séjour des saintes Maries en Provence ? D'abord le silence de l'ancien Bréviaire d'Arles. Leurs successeurs pourront, avec une telle argumentation liturgique, démontrer qu'au dix-neuvième siècle le pèlerinage de Lourdes était inconnu !

Ils triomphaient ensuite — car ces ruines morales leur étaient un triomphe — avec quelques lignes de Grégoire de Tours, relatives à la mission des sept évêques en Gaule au troisième siècle, ce qui sapait, paraît-il, toute tentative antérieure de prédication ! Or le chroniqueur n'affirme même rien ; il cite l'un de ces hagiographes envers lesquels la critique témoigne habituellement tant de dédain : *Septem viri episcopi ad prædicandum in Gallias missi sunt, sicut historia passionis sancti martyris Saturnini denarrat.* Et le plus fort, c'est qu'ailleurs Grégoire mentionne l'existence de chrétiens dans la Narbonnaise dès le premier siècle : une dame gauloise qui aurait assisté à la décollation de Jean-Baptiste, Eutrope de Saintes, Apollinaire, plusieurs martyrs qu'il prétend contemporains de Néron. Il ajoute que « la foi chrétienne appa« rut en Gaule dès son début ».

On pourrait s'en tenir, comme apologie de la
Sainte-Baume, au délicieux opuscule de Lacordaire et à cette pensée de Mᵍʳ Dupanloup, que
« la tradition et l'affirmation d'un peuple parlent
« plus haut ici que les livres et la science ». Mais
à de telles raisons, que les négateurs qualifient
sentimentales, s'ajoute, surtout depuis certaines
découvertes récentes, une accumulation de preuves géologiques, archéologiques, historiques et
même textuelles, qu'ont mises en valeur la science
générale et, en outre, diverses monographies de
MM. Lenthéric, Rostand, et de quelques prêtres
provençaux.

On connaît la tradition : Quatorze ans après
la Pentecôte éclata une persécution palestinienne
contre les chrétiens. Ce fait reste incontesté,
ainsi que l'absence en Judée de toute trace pos-
térieure relative à la famille de Béthanie. Or, la
tradition ajoute que Lazare, Marie-Madeleine,
Marthe, Sara leur servante, Sidoine l'aveugle-né,
les deux Maries Jacobé et Salomé, Maximin l'un
des soixante-douze disciples, étaient, afin d'é-
chapper à la Synagogue, montés sur une barque
sans voiles, que la protection divine poussa vers
la côte de Camargue. Débarqués au village actuel
des Saintes-Maries-de-la-Mer, Sara et les deux
Maries s'y fixèrent, tandis que Lazare prêchait à
Marseille, Marthe à Avignon et à Tarascon, Maximin à Aix, et que Madeleine cachait dans les
monts de la Sainte-Baume une pénitence qui
dépassa trente années.

L'imagination méridionale a pu broder sur ce thème. Les gens disposés à réduire l'action providentielle substitueront par exemple à la barque miraculeuse l'un des transports qui affluaient de l'Orient vers Massilia, encore que je reste très convaincu de l'accostage aux Saintes-Maries. Cette plage, ne déplaise aux négateurs, existait si bien qu'il y fut récemment découvert des sculptures antiques ; les ruines gréco-romaines du Vaccarès démontrent l'insubmersion de la Camargue aux premiers siècles ; le Rhône ne comble que son estuaire, la mer ronge au couchant le golfe de Beauduc.

La plage des Saintes était alors plus peuplée qu'aujourd'hui, et certainement reliée à la grande métropole des Gaules, distante de cinq lieues, Arelas. Là se croisaient les voies romaines de la Narbonnaise et de l'Italie. Rien ne fut donc plus aisé aux amis de Jésus que de se disperser vers Avenio, Aquæ Sextiæ, Massilia. Quant à la Sainte-Baume, déserte comme aujourd'hui, quelques milles la séparaient de l'une des deux voies italiques. Le bourg actuel de Saint-Maximin, où vint expirer Marie-Madeleine entre les bras de l'évêque Maximin, s'appelait jadis Tegulata, étape sur la voie Aurélienne. Ces routes, plus tard régularisées, existaient déjà ; elles avaient servi aux armées de Marius, au commerce des Tyriens et des Grecs.

Il faut opposer aux ruines si précises de Jérusalem l'explication mythique des évangiles par

Strauss, pour comprendre que le parti pris aveugle à ce point qu'on ose traiter aussi de légende une tradition fragmentaire et concordante, confirmée par des monuments répartis sur tout le territoire provençal, et distants de trente lieues les uns des autres. Supprimez même ces monuments, l'histoire, et les preuves accumulées dans les travaux de MM. Faillon et Albanès, comment expliquer le culte primitif des divers amis du Christ à Aix, à Marseille, à Saint-Maximin, à la Sainte-Baume, à Tarascon, aux Saintes ? Mais partout la pierre parle. C'est, dans la crypte des Saintes, l'informe foyer des Maries ; ce sont les sarcophages, les inscriptions attestant l'antiquité chrétienne de la Gayole et d'Aubagne ; puis le tombeau sculpté de Marthe à Tarascon, et à Marseille la crypte de Saint-Victor, où s'assemblèrent les premiers fidèles. La Sainte-Baume garde les vestiges d'oratoires cassianites. Enfin, dans la crypte de Saint-Maximin l'évidence s'impose : les sarcophages de Marie-Madeleine et de l'évêque Maximin sont unanimement reconnus l'œuvre de l'époque constantinienne ; dans les scènes évangéliques qui les décorent se reconnaît le ciseau des Alyscamps : l'inspiration, les groupes, l'allure hellénique, le mélange d'attributs mythologiques et de symboles chrétiens disent le troisième ou quatrième siècle ; c'est encore l'art antique, qui va disparaître devant les hordes barbares. Alors l'Eglise triomphe, le marbre remplace la brique des primitifs oratoires. Mais le culte antérieur, le culte enfoui du temps des martyrs, se retrouve à Saint-Maximin, y proclame la présence du corps de Madeleine dès le deuxième siècle. Nous avons mieux que la cella vue par Lacordaire. En 1884, les travaux de restauration mirent à jour ce blocage massif et ces rangs de briques qui signent en tout lieu l'indestructible génie romain. La primitive chambre sépulcrale de Madeleine se révélait ainsi, au-dessous des sarcophages empreints de l'art hellénique propagé par les empereurs chrétiens d'Arelas. Un grand tombeau en tuiles à rebord se retrouva, vide, sous les sarcophages.

Eh ! que leur faut-il donc pour croire ? Des textes ! Ignorent-ils que tous les documents écrits de la Narbonnaise ont péri dans les incendies sarrazins ou wisigoths ? Néanmoins, l'existence de missions antérieures au troisième siècle dans la Gaule méridionale ressort déjà des ouvrages de Tertullien, d'Origène, de Lactance. D'ailleurs, sous Marc-Aurèle, en 177. nous rencontrons de nombreux martyrs dans la Lyonnaise et la Viennoise, évangélisées certainement après la Province romaine, bien plus importante et accessible. En outre, la tradition des Saintes se relie à l'apostolat de l'évêque Trophime ; or, en 417 et en 450, les papes Zozime et Léon, rétablissant les privilèges métropolitains d'Arles, la *Mater Galliarum* d'Honorius, motivent leurs décrétales sur l'antiquité de l'apostolat de Trophime, envoyé par Pierre lui-même, « *et exinde aliis pau-*

« *latim regionibus Galliarum bonum fidei infu-*
« *sum.* »

De textes relatifs à Marie-Madeleine on peut
citer la *Légende dorée*, dont le merveilleux
recouvre d'ordinaire un fond réel, ou du moins
constate une tradition. En 1103, la charte consé-
crative de Saint-Sauveur attribue la fondation
de l'église d'Aix à Maximin et à Madeleine. Mais
la tradition provençale remonte plus haut. Un
manuscrit de Raban Maur, archevêque de Mayence
vers la fin du huitième siècle, relate la croyance,
alors ancienne, au voyage des Saintes, et mentionne le pèlerinage de Cassien à la Sainte-
Baume au cinquième siècle.

Aussi loin qu'on fouille notre histoire ecclésiastique, les pèlerins affluent. Nul souvenir,
certes, du deuxième siècle, mais on doit, avec
M. Lenthéric, induire ceci : « Les relations mariti-
« mes de la Narbonnaise avec Rome et l'Orient
« ne permettent pas de supposer qu'une des plus
« riches contrées du monde, celle qu'on appelait la
« Province par excellence, la Provence, ait été né-
« gligée dans cette immense prédication qui, sur
« l'ordre du Maître, allait porter la bonne nouvelle
« à toutes les nations. Le christianisme a été une
« importation orientale directe qui remonte au
« milieu du premier siècle. Les déserts de la Ca-
« margue ont vu passer le triste cortège des amis
« du Christ. »

La grotte — *baumo* en provençal signifie
grotte — resta l'un des sanctuaires les plus vé-

nérés du Moyen-Age. Le bourg de Saint-Maximin distant de vingt kilomètres, est cimenté comme elle dans le souvenir de la Pénitente ; on y rencontre un prieuré cassianite établi, ainsi qu'à la Sainte-Baume, depuis le sixième siècle, puis, au delà, les traces de la colonie romaine que le disciple palestinien était venu évangéliser. Le Ciel et ses ministres veillèrent incessamment sur les Lieux saints de Provence. Au huitième siècle les religieux dérobent aux Sarrazins les reliques. Des bulles pontificales de 1113, 1135, 1150, mentionnent les prêtres desservants des pèlerinages. En 1248, le moine parmesan Salimbène accède aux nombreux autels de la grotte par une belle route, croise dans les gorges sauvages les mulets de ravitaillement. Au quatorzième siècle un couvent de femmes prie à la Sainte-Baume ; en 1360 Saint-Maximin est fortifié pour la sécurité de ses reliques. La forêt elle-même fut mise sous la sauvegarde du roi, elle reste encore exempte de coupes réglées ; Louis II renouvela défense d'y chasser, fonda une messe à l'autel de la Vierge. Rome prodiguait les indulgences pour la réparation des sanctuaires ; Eugène IV, sur la demande de Marie d'Anjou, en accorda une plénière à quiconque y travaillerait.

Vers ces lieux accourent les peuples ; des grands s'y font inhumer. De dons princiers la grotte regorge ; vingt et une lampes d'argent brûlent devant la statue de la Pénitente ; Martin V. Innocent VIII concèdent au prieur l'absolution des cas réservés ; le roi René lui renouvelle exemption d'impôts, lui concède des droits sur la gabelle toulonnaise en l'honneur de la « *bénoîte « Madelène* ». La liturgie consacre la tradition : Marseille, Aix, Apt célèbrent un office propre en l'honneur des reliques ; une procession solennelle s'établit à Saint-Maximin. Au dix-septième siècle, avant-coureur du dix-huitième, Launoy ayant le premier jugé original de persifler l'unanime croyance au voyage des Maries, la Sorbonne le censure, le Parlement d'Aix le condamne.

Depuis mille ans l'histoire citait d'illustres pèlerins. Au neuvième siècle viennent Etienne IV et Jean VIII, le roi de Provence Boson Ier ; mais la grande affluence date du treizième. Alors les foules italiennes rapportent à la Nunziatella une pierre de la grotte, un fragment des reliques. Les Marseillais fondent un hospice. Durable enthousiasme : au dix-septième siècle, la Pentecôte voit trois mille communiants. Et quel livre d'or de noms fameux ! D'abord les saints : Jean de Matha médite à la grotte ; Brigitte de Suède y amène Ulfo, son époux ; sainte Radégonde y vient de Poitiers ; Vincent Ferrier y parut, croit-on, puis Catherine de Sienne ; et voici, parmi les retraitants, une liste de bienheureux : Dalmace Moner qui, rappelé en Espagne, s'y creuse une petite Baume, Venturin de Bergame, André Abellon, Martin Scale. Plus tard viendront François de Sales, Jeanne de Chantal, La Salle le fondateur des Frères. Au quatorzième siècle, Avignon avait délégué tous ses papes ; Jean XXII confirma les privilèges claustraux. La cour venaissine dut retremper maintes fois ses mœurs parmi ces rochers tristes. Pétrarque quitte Laure et l'enchantement de Vaucluse pour venir goûter, dit-il, « des délices bien différentes de celles des « cités ». Il oublie ses canzones, fait graver à la gloire de Madeleine une ode latine.

Puis ce sont les rois et les reines ; l'an 1332 en compta cinq : le roi de France Philippe de Valois, Alphonse IV d'Aragon, Hugues de Chypre, Jean de Bohême, le roi Robert comte de Provence. L'homme en qui la monarchie française s'allie à la sainteté, Louis IX, visite la grotte au retour de sa première croisade. Roi méditerranéen, remarque M. Hanotaux, et que le sang maternel sans cesse ramène à la sirène bleue, vers Tunis, vers Aigues-Mortes. Louis XI, dauphin, venu avec sa femme, place là l'écu de France ; sa statue, ornée d'une cotte de mailles et d'un collier de pèlerin, figura jusqu'à ces temps-ci dans la grotte, que Louis XII appelait « l'un des plus dévots lieux du monde ». Paraissent encore Anne de Bretagne, puis deux fois François Ier qui remercie Dieu pour la victoire de Marignan, accompagné de la reine et des princesses. Charles IX et Catherine de Médicis visitent « *le rocher fort hault et la creuse et* « *humide roche où sainte Madeleine faisait sa pé-*

« *nitence* ». Louis XIII y rend grâces pour la soumission des Religionnaires languedociens. Le dernier pèlerin royal est Louis XIV suivi d'Anne d'Autriche et d'un somptueux cortège ; il gravit à cheval le Saint-Pilon et assiste à la translation des reliques en une urne de porphyre offerte par l'archevêque d'Avignon.

Les protecteurs naturels des deux sanctuaires étaient les comtes de Provence. Point d'expédition entreprise sans qu'ils y prient. Ils exemptent de redevances le fief de la Sainte-Baume, concèdent droit de justice aux religieux, que la reine Yolande arrente de deux cents florins d'or, prélevables sur les pêcheries de l'étang de Berre.

Au treizième siècle le comté de Provence se rattache au royaume de Sicile et passe à la maison d'Anjou. Deux siècles durant, au contact de qualités très opposées, la Provence helléno-latine civilise les Neustriens, le féodal Anjou discipline les Méridionaux ; puis, l'alliance des deux provinces rompue sous Louis XI qui les confisque, elles retournent, l'une à ses cours d'amour, l'autre à ses tournois. Mais de la joie et du soleil rhodaniens le bon René point ne se console ; au bord de la Maine sombre, sur un petit roc, il édifie le prieuré de la Baumette, en souvenir de la Sainte-Baume. Lui aussi avait richement doté ce sanctuaire auquel il demeura fort dévot. Sa sœur, l'épouse de Charles VII, y fonda une chapellenie.

Semblable piété envers la grotte s'héritait dans la maison d'Anjou. En 1279, Charles II, tandis que son père guerroyait aux Deux-Siciles, retrouve à Saint-Maximin le sarcophage et le corps de Marie-Madeleine. Fait capital, rattachable à tout un chapitre qui s'intitulerait : *Attestations providentielles des reliques*, et recevrait pour épigraphe ces paroles du psalmiste : « Le Sei- « gneur veille sur leurs ossements, aucun d'eux « ne sera brisé. » Dieu respectant néanmoins la liberté humaine, et la sagesse du Moyen-Age estimant les reliques le plus précieux trésor, des faussaires en fabriquèrent, les cités se disputèrent les vraies, et il arrive que les restes du même saint soient vénérés en plusieurs lieux. Les bulles même ne tranchent rien, l'infaillibilité se limitant au dogme.

On le vit bien pour les reliques de Marie-Madeleine dans un procès canonique vers l'an 1200. L'abbaye bourguignonne de Vézelay prétendit les tenir de Gérard de Roussillon qui les aurait, au neuvième siècle, ravies à Saint-Maximin. L'évêque d'Autun, mieux informé, s'opposant au pèlerinage, Pascal III casse son ordonnance, et, au vu de la bulle, toute la France des croisades accourt à Vézelay. « L'erreur de Vézelay, dit « Lacordaire, avait exalté sainte Madeleine et lié « sa mémoire à celle du plus grand mouvement « militaire et religieux. » On ne rencontrait plus à Saint-Maximin vestige de reliques. Cependant de bons esprits, tel Joinville, se remémoraient la

protestation de l'évêque d'Autun et la tradition
que les reliques avaient été cachées sur place au
temps des invasions sarrazines. Alors intervient,
assurément inspiré du Ciel, Charles d'Anjou.
Sans faste, tout au devoir qui l'obsède, il arrive
à Saint-Maximin, questionne les vieillards, les
religieux, fait ouvrir la tranchée dans l'antique
sanctuaire de Cassien. « Le 9 décembre, dit Lacor-
« daire, après des efforts infructueux jusque-là,
« lui-même, dépouillé de sa chlamyde, prit un
« hoyau. Bientôt on heurta la pierre d'un tom-
« beau. C'était celui de saint Sidoine, à droite de
« la crypte. Le prince ordonne qu'on soulève l'en-
« tablement, et le parfum qui s'en exhale aussitôt
« l'avertit que la grâce de Dieu est proche. Il se
« penche un instant, fait refermer le sépulcre, le
« scelle de son sceau et convoque les évêques de
« Provence pour assister à la reconnaissance des
« reliques. »

Le 18 décembre, devant les archevêques d'Arles, d'Aix, et de nombreux prélats ou gentilshommes, les sceaux rompus, Charles, écartant
la poussière du sarcophage, rencontre un liège
creux qui protégeait un parchemin lisible encore. Le texte latin exposait que, le 6 décembre
710, sous le roi Eudes, le corps de Marie-Madeleine avait été transféré, pour déjouer les profa-
nations sarrazines, de son sépulcre d'albâtre en
celui-ci de marbre d'où l'on avait retiré le corps
de Sidoine. Le 5 mai 1280, à la solennité de l'invention des reliques, on découvre un globe de

cire contenant cette deuxième inscription : « *Hic* « *jacet corpus beatæ Mariæ-Magdalenæ.* » La Chrétienté tressaille d'enthousiasme. Charles, en présence de six prélats et de dix abbés, transfère les ossements dans une châsse d'argent. Au chef de la sainte manquait le maxillaire inférieur. Or pareille relique était, de temps immémorial, honorée à Saint-Jean-de-Latran. Charles porte à Boniface VIII le crâne qui, rapproché de la mâchoire, s'y adapte exactement. Le pape offre ce fragment au prince, qui le confie à un couvent d'Aix ; le roi René le rapportera à Saint-Maximin où le chef, ainsi complété, figure aujourd'hui. Le 6 avril 1295, une bulle de Boniface VIII certifia véritable l'invention du corps de sainte Marie-Madeleine.

Cette bulle confiait aux Frères-Prêcheurs la garde des Lieux saints de Provence. Tout lieu saint doit avoir une garde, c'est une loi surnaturelle, remarque Lacordaire qui appelle Saint-Maximin le troisième tombeau du monde. Encore pourrait-il dire : le premier, puisque le Saint-Sépulcre et le tombeau de la Vierge sont de miraculeux cénotaphes. Bien que les religieux qui veillent ici n'aient point, comme ceux de Jérusalem, leur martyrologe, cette région du Var semble très ingrate envers de telles grâces. Rien là des noms charmants du reste de la Provence. Chaque rue porte une appellation révolutionnaire ; la rage du démon bat les murs de la basilique. Et tristement s'évoquent les âges où le

bourg entier s'insurgeait contre les ravisseurs de
son trésor. Peut-être, car j'ai vu à Saint-Maximin de pieuses confréries survivre, la population
est-elle, comme si souvent dans le Midi, esclave
d'une minorité sectaire. Ou bien faut-il croire à
une sénilité spirituelle des peuples, et celui-ci est-
il depuis trop longtemps évangélisé, lui faut-il de
nouveaux apôtres ? La Bretagne sacrifiait à Teu-
latès au temps où les Cassianites priaient ici.

On voit encore à la Sainte-Baume l'ermitage
de Cassien et sa fontaine ; à la montagne les
pâtres donnent son nom. Lorsque ses disciples
disparurent, chassés par le cimeterre au huitième
siècle, les Bénédictins bientôt les remplacèrent,
jusqu'à l'établissement des Frères Prêcheurs.
Réciproque vocation de deux grands Ordres
religieux et du plus ancien sanctuaire de la
Gaule. Vingt Dominicains occupèrent Saint-
Maximin ; quatre, la Sainte-Baume. Le roi René
accroît ce nombre, fonde à Saint-Maximin un
collège de Théologie et de Beaux-Arts en l'honneur de Madeleine « *secretariam et solam apos-*
« *tolam Christi* ». René voit presque achevée la
basilique, à laquelle travaillèrent tous les princes
de sa race. Charles II avait élevé, sur l'antique
oratoire, les premières assises de cette Chartres
du Midi, nef gothique à plan gallo-romain, trait
d'union de deux ères, et plus surprenante en ces
solitudes que jadis devant les sables camargues
la miraculeuse barque des Saintes. Toutefois,
vers 1300 le bourg devenait cité, les étrangers

affluaient; des Juifs même y tenaient commerce,
taxés à une redevance de cire blanche le jour où
l'Eglise célèbre la conversion de Madeleine. Relever les noms des bienfaiteurs de la basilique,
ce serait écrire l'histoire de France, refaire l'armorial franc, énumérer les papes du treizième
siècle au seizième. Saint-Maximin demeura, malgré les revendications de l'Ordinaire d'Aix, di-
rectement rattaché à Rome.

Rude tâche que de protéger les reliques ! Les
Sarrazins avaient de pieux successeurs. En 1404
les Marseillais tentent un coup de force, à grand
peine repoussé, et grâce à la présence d'un capitaine d'Arles. Sous la reine Jeanne de Naples,
par crainte des brigands, Philippe de Tarente,
frère du roi, avait fait transférer les châsses à la
Sainte-Baume, « *cum bona societate* », sous
bonne escorte. Revenues à Saint-Maximin, où le
roi René les fait ouvrir, authentiquer de nouveau
avec transcription de leurs documents, elles su-
bissent encore la menace de Charles-Quint ; les
religieux les cachent dans un puits. Mais plus
redoutables sont les échanges de politesses
ecclésiastiques ou royales. Charles VIII enfin
fait défense, par le grand sénéchal de Provence,
aux religieux, de distraire aucune parcelle des
reliques, leur présentât-on lettre de sa main.
Louis XIII désirant offrir à Urbain VIII un fragment d'os, le bourg se révolte, un conflit s'élève
entre le Parlement et la Cour des Comptes char-
gée d'exécuter l'ordre royal. Celle-ci, en 1780,

dresse nouvel inventaire des reliques, malgré l'émeute locale. L'an d'après, Louis XVI exige la cession d'un fémur au duc de Parme ; avec ce membre, jadis prostré aux pieds de Jésus, semble fuir le talisman de la monarchie.

Saint-Maximin eut l'honneur d'être profané par le plus crapuleux des terroristes, Barras, lequel, vainqueur au 9 thermidor, présida aux ignominies du Directoire, aube du voltairianisme bourgeois. Une bande de furieux l'accompagnait, pressée d'anéantir l'antre de la superstition. Ces brutes exigèrent de la municipalité la conversion des châsses en numéraire. Tout fut saccagé ; les Sarrazins n'eussent fait pis. Les reliques furent jetées dans la rue, où le sacristain Joseph Bastide les recueillit ; il les restitua, l'orage passé, à la basilique, sauf trois dents, une portion des cheveux, quelques os, que s'étaient partagés ses pieux complices, et qui, soixante ans plus tard, revinrent en partie au trésor. Le monument traversa indemne la Terreur, grâce au sens artiste, religieux peut-être, d'un jeune capitaine, Lucien Bonaparte, dont le frère fit depuis la fortune qu'on sait. Tous les grands noms de notre histoire devaient auréoler le sépulcre de Madeleine.

A la Sainte-Baume d'inappréciables dons avaient péri. Le lundi de la Pentecôte 1822, une foule enthousiaste, quarante mille hommes, acclama la réparation solennelle présidée par l'archevêque d'Aix, au même temps où Paris consacrait l'église de la Madeleine, naguère temple de la Gloire, et honorait le fémur malencontreusement cédé au duc de Parme, mais que l'Empereur avait rapporté d'Italie.

Custodit Dominus omnia ossa eorum. Ces mots m'inspirent mieux confiance aux reliques de Saint-Maximin que les attestations médicales attribuant les ossements à une femme et les datant de très nombreux siècles. Crédule pèlerin, en ces jours où la foi elle-même mesure au Créateur ses miracles, je ne doute point des divers prodiges qui, au dire de plusieurs évêques contemporains, puis du cardinal de Cabassol, l'ami de Pétrarque, accompagnèrent la découverte du sarcophage. Je crois à la force surnaturelle qui, une nuit, arrêta devant le précipice du Saint-Pilon deux marchands florentins, dont les *ex-voto* subsistèrent jusqu'à la Révolution. Je crois à ces stigmates de la nature que de Haitze connut encore, et dont le dernier, l'impression des genoux de la Sainte, n'a disparu que depuis vingt ans, sous le couteau de démoniaques, car la liberté humaine comporte de ces pouvoirs sur l'œuvre de Dieu. Je crois aux révélations de Catherine de Sienne relatives à la pénitence de Madeleine. Enfin un irrécusable prodige authentiqua ses restes jusqu'à nos jours : cette particule de chair vivante attachée au crâne nu, et que le Moyen-Age nomma le *Noli me tangere,* en mémoire des paroles du Christ lorsque, ressuscité, il écarta du doigt

Madeleine. Tous les procès-verbaux mentionnent cette chair miraculeuse ; elle se détacha en 1780, à la veille des sacrilèges de Barras ; sa place continue de luire — avec quelle vénération l'ai-je contemplée ! — sur le crâne bruni par dix-neuf siècles. Le *Noli me tangere* subsiste à part en un reliquaire.

Quelle fut-elle donc, cette Marie de Magdala qui par deux ou trois gestes illumine de dilection l'Évangile même, aux confins de la psychologie humaine et de la divine ? Debout sur le Calvaire, auprès de la Mère immaculée et douloureuse, Jean est l'innocence, Madeleine est le repentir, tous deux sont l'amour. Ils sont l'âme de ce que profane le monde. Du passé de la Magdaléenne l'Évangile ne précise rien, craignant de donner prétexte à des femmes qui s'autoriseraient de ses fautes sans imiter sa pénitence. Fautes réelles, de celles qu'un Dieu seul peut absoudre, et non superficielle coquetterie ni cette sincérité d'allures qui scandalise la dévotion froide. Mais nul doute qu'elle ait péché par excès de passion plutôt que par ignoble facilité. Ame ardente, cœur d'élite, nature affinée, d'impulsive générosité lorsque, brisant le flacon d'albâtre, elle prodigue avec ses larmes le nard somptueux dont un vil traître suppute le prix. A une page du livre des humbles on s'attendrit de rencontrer cette profusion patricienne.

Une connexité mystérieuse relie les directions providentielles aux manifestations normales de

la vie. N'en déplaise aux Jansénistes, à tous
les accapareurs des dons divins, le monde moral
constitue une harmonie où la grâce s'approprie
aux milieux. Que vouliez-vous dès lors que
devînt le sépulcre de la Magdaléenne, sinon le
protecteur de cette Provence qui pardonne tout
à l'amour, et qui ne pardonne rien contre l'a-
mour, et dont tous les poètes ont chanté l'amour?
A cette terre dont les religieux furent d'ardents
abdicateurs d'eux-mêmes, se livrant aux Barbaresques en échange des captifs, qui vouliez-vous
donner pour patronne, sinon celle qui « avait
« beaucoup aimé »? Jamais logique providentielle
ne fut plus frappante.

Prédestinée apparaît aussi la vaste anfractuo-
sité où, à mi-hauteur d'une falaise de quinze
cents pieds dominant la lumineuse désolation de
la Thébaïde provençale, Marie-Madeleine pro-
longea, entre le ciel et la terre, l'une de ces
inflexibles expiations que Dieu impose, pour les
épurer, aux âmes pardonnées. L'effroi saisit à
l'image de nuits d'hiver endurées dans cette solitude par une femme. Mais celle-là avait entendu
prononcer que « quiconque veut ménager sa vie
« la perdra », et que quiconque ne prend pas sa
croix pour suivre le Christ reste indigne de lui.
Elle fut la première de ces innombrables vouées
au Seigneur dont les jours et les veilles com-
pensent les crimes du monde. Mais elle reçut
plus visiblement les consolations souveraines
qu'intérieurement connaissent tous les cloîtres.

Etendue sur sa couche de feuilles, au fond du rocher, elle revoyait Celui qui saigna sur la croix au-dessus d'elle, et qui ressuscité toucha son cœur de ce mot : Marie ! Des anges la visitaient, et, ajoute une irremplaçable tradition, la transportaient chaque jour au sommet de la montagne. Agenouillée là, devant l'horizon immense que terminent la crinière des glaciers alpestres et l'illimité des vagues bleues, elle regardait peut-être les trirèmes de Massilia s'en aller vers la terre des prodiges, vers les souvenirs de la maison de Béthanie.

Il fallut à la vallée du Rhône, pour la garder contre Baal, au levant l'austère chaîne de la Sainte-Baume, au couchant l'horizontale désolation des Saintes.

Li camarguèn Santi Mario! Les Saintes Maries de Camargue, cela ne rend guère la poésie du nom provençal. Du moins, avec divers auteurs régionaux, continuerai-je à parler des paysages camargues, et non camarguais, préférant à l'arbitraire des lexicographes le rythme d'une phrase et sa puissance évocatrice.

*Sur ce plat désert où règnent les ibis
roses et les fièvres paludéennes, parmi ces
duretés et ces sublimités prévues...*

Maurice BARRÈS.

Passer le pont de Trinquetaille, monter sur
une plate-forme du petit railway des Saintes ou
des Salins de Giraud, c'est quitter la Grèce pour
la pampa. Mistral en son Ourias, Daudet en son
héros de l'*Arlésienne* résumèrent la sauvagerie,
la force, la passion de ces *gardians*, terrasseurs
de buffles, et auxquels, lorsque la bête a mugi
sous le fer rouge, un vol de filles camargues
apporte, au galop des chevaux blancs, pour prix
de la victoire une corne de vin. C'est aussi la
terre des sorciers, des légendes, des trépassés
du Rhône qui, la nuit, aggrippent les barques
et, si un meurtrier y vogue, l'engloutissent.

Cinquante lieues carrées d'étangs, de marais
desséchés, de rizières et de vignes composent le

delta du Rhône. Au centre, les cinq mille hectares du Vaccarès, nu et si peu creux qu'on le traverse à cheval. Au sud, sous les roseaux des étangs, par milliers nichent foulques et macreuses. Au nord, un mauvais riz, d'imbuvable vin, d'excellent blé, s'ajoutent à la production des troupeaux : deux cent mille brebis, cinq à six *manades* de buffles, trois mille cavales blanches léguées par les Sarrazins, deux mille taureaux noirs. Une seule commune, les Saintes. En tout, trois mille insulaires isolés par groupes dans de grands mas que souvent régissent, en selle comme leurs gardians, les fils de la noblesse arlésienne. Deux ou trois fois l'an, tous cavalcadent, leur femme en croupe, jusqu'aux corridas d'Arles, puis se renfoncent dans leur désert. Plus d'un *meinadié* se doubla d'un félibre, tel le marquis Folco de Baroncelli, fondateur de l'*Aïoli*.

Existence violente, quasi primitive, celle du gardian, et que farouchement il aime. Tôt le ressaisit dans les ruelles d'Arles la nostalgie de l'immense engane triste et des salicornes, des rosâtres tamaris éplorés sur les eaux. Moins que lui sauvages les bandes ailées qui prolongent ici l'Afrique, ibis, outardes, hérons pourprés, longues files de flamants, ou les cygnes boréaux que l'hiver apporte. Il ne redoute que la sorcellerie du vieux pâtre barbu, appuyé d'une pose orientale sur son bâton, et qui, sous sa pelisse de laine brune et son capuchon rabattu,

regarde la mer. Il ne s'enorgueillit que de sa
force célébrée, les soirs, par les femmes, naguère
rangées pour la *ferrade* sur des chars autour de
la libre arène où l on marquait le taureau aux
longues cornes effilées, que les cavaliers lui
poussaient. Le lazzo enroulé à l'arçon de la selle
pour jeter bas, après trois heures de course, un
étalon, et son trident au poing pour mener les
buffles, qui craindrait-il, arc-bouté sur ses larges
étriers mauresques, dans le silence des solitudes mornes ? Il n'a d'ami que son griffon,
sorte d'ours qui exaspère la manade errante,
l'arrache à la placide pâture des vases salées. Il
n'a d'abri contre le mistral déchaîné sur ces
steppes, que la longue hutte de roseaux qu'une
lagune reflète et où quelque berger ramène ses
béliers au crépuscule. Il n'a pour horizon que
les dunes basses de la grande mer et les bords
à peine visibles, tremblants sous le mirage, de la
petite, la *pichoto mar* du Vaccarès où le couchant joint deux soleils.

Bien entendu, ni les ingénieurs ne manquent,
ni les chasseurs, pour s'efforcer de dessécher la
Camargue ou d'en exterminer les oiseaux. Ces
gens-là eussent dépoétisé l'Eden ! La dépression
du sol et les gardes montés d'intelligents chefs
de mas restreignent le mal.

D'Arles au nord du Vaccarès, les cultures
s'entourent d'énormes arbres blancs. En descendant vers les Saintes, les marais asséchés, l'engane dont le sel miroite, cernent les noires

oasis de pins parasols où rougit la tuile des vastes mas. Plus bas, c'est la lagune, les canaux, les mouvantes étendues, les flaques inexplorables où de rares tamaris peu à peu se rachitisent, finissent eux-mêmes par cesser. En face, la mer, les blonds sables sans nul abri de Faraman aux Saintes, sur trente-cinq kilomètres. Là le « cimetière des navires ». Là le gardien du phare assiste à d'insecourables agonies, regarde, comme sur l'*Alice*, les passagers enlevés un à un par les lames, apportés morts, une femme, deux heures durant, crier pitié à quelques encâblures de l'interminable plage, périr à son tour. Une fois, le veilleur put, monté sur un cheval, arracher aux courants plusieurs victimes. Une nuit, un équipage gagna la grève puis s'enlisa dans les marais. Un fort paquebot ensablé peut, telle *la Russie*, résister aux lames, attendre les sauveteurs du golfe de Fos et même — car c'est toujours ici le Midi — les fanfares qui joueront aux naufragés la *Marseillaise*.

A l'est de Faraman, l'estuaire du Grand-Rhône, ses tours en ruines, ses digues, ses forêts de saules, ses chapelets d'îlots, son mobile musoir sans cesse accru interrompent les marais qui recommenceront par delà Sant-Louïs-doù-Rose une autre Camargue jusqu'à Martigues et l'étang de Berre, le plus vaste lac français, dont le cercle de montagnes et d'oliviers rejoint au nord la Crau sauvage, au sud la côte désormais rocheuse de Marseille.

A l'ouest des Saintes, le Petit-Rhône sépare de la Camargue d'autres marais encore, les lagunes sans fin d'Aigues-Mortes et de Narbonne, l'ancienne rive latine dévastée par les Sarrazins, déchue en vasières plus mélancoliques que les villes défuntes du Zuyderzée, car elles chantent la mort sous le soleil. La nature prodigue à cette grande tombe la plainte des goëlands et les touffes de blancs lys poussés on ne sait comment dans les sables. Mais qu'y serais-je devenu seul un soir, séparé des Saintes par le Petit-Rhône, sans un douanier qui, grelottant de fièvre, quitta sa couche de joncs marins pour me passer dans sa barque, et refusa tout salaire ?

Mistral.

Les Saintes, le pauvre ancrage de dix barques
que, faute du moindre abri, on tire sur la plage
ainsi que les vaisseaux d'Ulysse, ne contem-
plaient point au premier siècle leur paysage de
désolation. Les ruines envasées de la Camargue
attestent d'importants quais autour du Vaccarès
que traversait le Grand-Rhône pour se jeter au
milieu du golfe de Beauduc. Sans cesse rongé
par la mer, le village formait alors l'un des pro-
montoires sablonneux de l'estuaire que les alluvions du fleuve ont nivelé. Ceci confirme encore
la présence, même naturelle, des amis du Christ,

que put débarquer à ce port d'entrée l'une des galères remontant vers Arelas.

La bourgade, repeuplée au Moyen-Age par quelques pêcheurs catalans, n'est plus, entre l'illimité des lagunes, de la plage et des flots, qu'un tremplin pour l'âme nostalgique élancée vers de très lointains passés. Sur cette grève blonde que blanchit indéfiniment l'écume, l'Anadyomène pouvait s'éveiller à l'amour. Sous le ciel bleu, ces vagues bleues, au bord des profondeurs attristantes, bercent la proue recourbée, la longue antenne de barques que reconnaîtrait Homère. L'une de ces Provençales, d'allure et de costume tanagresques, est-elle Nausicaa, la douce fille de roi qui, lavant avec ses compagnes leurs blanches tuniques, accueillit Ulysse naufragé ? Et presque la douleur humaine s'oublie, et presque l'on s'étonne de voir, au sommet des dunes, étendre ses bras vers l'abîme le signe qui la divinisa.

Combien fallut-il d'éclatants miracles pour persuader aux Grecs artistes, aux positifs Romains de la Narbonnaise, que les fugitifs orientaux leur apportaient un pain de vie plus précieux que les froments lybiens ? Songez-y, faire accepter au monde la croix ! A l'inverse des religions dérivées qui s'établissent en relâchant l'obligation morale ou les vérités antérieures, convertir au dogme et à la discipline évangéliques les contemporains d'Horace et de Trimalcion ! Je ne suspecte donc guère les traditionnels prodiges de Marthe et de Lazare, monstres enchaînés, idoles arlésiennes brisées d'un geste. A ce pouvoir surnaturel de leurs compagnons aboutissaient les obscures prières de Marie de Magdala en sa lointaine grotte et des trois saintes ici demeurées.

Je quittai la plage odysséenne pour m'agenouiller dans la crypte où elles vécurent, et où les fils des pêcheurs qui les avaient connues continuèrent de prier. Au-dessous des sables et de leurs dolents pourpiers, c'est la nuit presque, où s'entrevoient un autel fruste, des pierres vaguement apprêtées, un foyer comme les enfants en bâtissent, une source, un tombeau. Ceci, comme les vestiges sacrés de Saint-Maximin, a défié les siècles, les Wisigoths, les Maures, les Huguenots, les furieux de 1793 qui saccagèrent l'église ; ceci peut-être arrêtera l'invasion de la mer.

Par quelques grossières marches l'on remonte dans la nef ténébreuse, enfermant un puits que déjà envahit le sel, et percée de meurtrières, car l'église servait d'asile à toute la Camargue quand apparaissaient les voiles barbaresques. Elle a subi trois assauts ; les pirates tentèrent l'incendie. Visible de cinq lieues au ras des vagues, c'est une forteresse du XII° siècle, crénelée, flanquée de lourds contreforts ; l'abside, donjon ovale, aux larges mâchicoulis, supporte une seconde tour octogone, vedette et dernier refuge. Les richesses que dans la nef austère accumula le Moyen-Age ayant péri sous la Révolution, seuls les tombeaux des saintes et quelques *ex-voto* muraux, toiles naïves, à peine se discernent, ainsi que les bizarres têtes des chapiteaux, quand de l'éclatante lumière on plonge par un rugueux escalier dans ces ténèbres. Au milieu de la haute voûte bée la lucarne bariolée par où un séculaire treuil, au jour de la fête, descend les châsses. La vrille noire d'une tourelle conduit au petit oratoire qui les renferme. Coffres de bois vermoulus, protégés par l'intelligente piété du peuple, lequel s'opposa à la translation des ossements dans un luxueux reliquaire resté vide, don d'un gentilhomme provençal. L'oratoire s'ouvre au sommet de la seconde tour, sur la plate-forme qu'immortalisera le dernier chant de Mireille. De là s'attriste, sans un bruit, l'immense horizon camargue aux verdeurs de cadavre, entre le miroitement du Vaccarès et, au bord de la mer luisante, la sinueuse ligne de sable diluée vers Faraman invisible ou vers Aigues-Mortes. Quelques points bossellent la plate désolation : tamaris, cabanes perdues, dont l'auvent de roseaux rase le marais, manade de buffles, ou, plus loin, voilant un mas, l'étrange champignon noir des pins parasols. Dans une lagune proche j'aperçus de grands oiseaux immobiles, dont par moments quelqu'un s'enlevait, les pattes pendantes, d'un coup solennel de ses ailes rondes, puis retombait. Je comptai une trentaine de ces flamants roses.

*Il n'est bruit à Beaucaire que d'une
barque qui a heurté contre une des piles
du pont du Saint-Esprit, et vingt personnes
se sont noyées, c'est-à-dire deux.*

STENDHAL.

Ces fugaces échassiers s'approchent rarement
du village ; ils firent sensation. Un gamin en
avait vu une centaine ; un gendarme en comptait
six cents ; un prêtre à la fin me dit cinq mille.
Le Méridional exagère à proportion de sa sincérité ; le désir que la vérité soit crue, la crainte
qu'on ne rabatte de ce qu'il énonce lui dictent
ces loyaux mensonges. L'idée de nombre garde
d'ailleurs pour lui, ainsi qu'en Orient, une sorte
de valeur mystique étrangère au réalisme de nos
calculs. Les annalistes grecs ou romains comptent
toujours plus de morts qu'il ne pouvait exister
de combattants.

Ne confondez pas cette amplification numé-
rique des Méridionaux avec leur faculté mythologique, celle du Marseillais qui finit par croire
à ses fables. Daudet a bien analysé ce mirage
mental, ainsi que le conteur de la désopilante
Chasse au châtre. Il existe pour le Provençal une série d'oiseaux fabuleux : le châtre,
le *troumpo-cassaire* que le chasseur prend pour
une figue, le *cague-bassinet* qui, pour sauver son
compagnon, fiente sur la poudre du fusil. Nous
ne sommes pas très loin des harpies de Virgile
qui traitaient de la sorte le repas des compagnons d'Enée. S'il ne s'y mêlait une escroquerie
odieuse, le procès des Humbert-Daurignac amu-
serait comme une galéjade, avec ces ministres
compromis, ces usuriers floués, ce coffre-fort
exhibé à tous les notaires et qui contient deux
sous, ces procès où les greffiers enregistrent
gravement les aventures d'un fabuleux héritage !
Plus innocente est l'aventure de cette religieuse
du Tarn qui, espérant préserver des séductions
un orphelin, l'avait élevé comme une femme.
Vêtu en nonne, il présidait à vingt ans les
dames de charité ; son ascendant sur elles alarma
l'autorité diocésaine ; la supérieure du couvent
l'avoua, et sa protégée fut expédiée à la caserne.

Le proverbe : « ce que femme veut » est exact
au Sud. Tout doit céder devant leur caprice, et
il faut aux moines de Frigolet la menace de l'ex-
communication pour défendre la clôture contre
les curieuses des alentours.

En revanche, que de grandes et saintes choses
accomplirent les Méridionales !

Huysmans, naguère hostile au Midi malgré
son probable atavisme d'Espagnol des Flandres,
s'enthousiasme pour sainte Thérèse : « Quelle
« femme ! Sa règle semble surhumaine, et elle est
« la plus pondérée de toutes. » La joyeuse endu-
rance qui caractérise cette grande mystique,
voilà bien l'âme du Sud. Ajoutez-y la divination
intuitive qui marque entre l'humanité et l'ange
comme un demi-ton.

Aussi loin que l'on remonte dans le Christianisme apparaît ce privilège des Méditerranéennes.
Une étrange comparse de la Passion, la femme

de Ponce-Pilate, qu'elle avertit d'un songe,
était née d'une famille équestre de la Narbonnaise, dont la faveur à la cour de Tibère servit
le procurateur de Judée. Il mourut exilé dans la
Viennoise. Figure honnête et, malgré sa lâcheté
politique, presque attirante au milieu des Caïphe
et des Hérode. Certaines églises orientales,
toujours plus indulgentes que les latines, l'ont
béatifié. N'importe, la Provence gagnait à l'é-
change lorsqu'y débarquaient les saintes femmes
du Calvaire.

Celles-ci, dans leur enfance, avaient été ber-
cées par les antiques oracles qui étaient la religion même de leur peuple. Plus tard elle avaient
rencontré le Prophète qui guérissait les aveugles, triomphait de la tombe, remettait les pé-
chés, enseignait des consolations inentendues,
maudissait ceux qui avaient fait de la vérité divine le monopole d'un impitoyable orgueil. La
grâce leur avait persuadé, ainsi qu'au Baptiste et
aux bateliers de Tibériade, que ce miséricordieux
était Celui qui devait venir. Puis elles l'avaient
vu agoniser sur une croix d'esclave, et ricaner les
pharisiens, et il semblait bien que tout fût fini.
Elles l'avaient doucement couché dans un sépulcre neuf, ainsi que l'on confie à la terre le grain
qui doit rejaillir en moissons. Elles avaient été
saisies d'effroi, non surprises, en le voyant ressuscité. Ensuite Il était remonté vers son Père,
et, selon sa promesse, un jour que fermant le
logis aux quolibets judaïques priaient les disci-

ples, l'Esprit était descendu sur eux. Alors tous étaient partis, les uns sur des navires, les autres par les chemins de l'Asie, afin de toucher par leur doctrine et leurs prodiges les cœurs demeurés purs.

Mais le grand drame avait laissé des épaves, et Jésus n'avait légué à Jean que sa mère. Qu'adviendrait-il de ceux qui avaient partagé à Béthanie les félicités humaines de l'Ami divin ? Qu'adviendrait-il de Lazare, en qui s'affirma la première victoire sur la tombe ? Qu'adviendrait-il de Madeleine, associée avant tous aux extases de la Résurrection ? Leurs noms étaient trop synonymes des joies de la dilection pour qu'une terre maussade abritât leur vieillesse, même pénitente. Amenés vers le sol provençal, ils retrouvent au rivage les lys de la Judée, plus loin ses oliviers **et ses monts**.

Dans ce monde affreux, de péché ou de douleur, nous entrevoyons, ainsi que Platon, les
reflets vagues du Bien éternel. Il existe une paternité humaine parce qu'il existe une Paternité
en Dieu. La goutte de lait tombée du sein d'Héré
sur la terre, dans la légende grecque, symbolise
les lambeaux d'amour qui nous font pressentir
l'Amour absolu. Et l'Eglise chrétienne berce nos
souffrances avec ce frêle écho des harmonies
célestes, la liturgie.

Rien dans cette liturgie ne me ravit autant que
l'*Adeste* de Noël et l'*O Filii* de Pâques. Le Ciel
s'est dévoilé en ces chants simples, jaillis du
cœur du peuple et de son rêve, et ni ésotérisés
par de froids neumes, ni vulgaires comme nos
cantiques.

Au retour d'une messe de minuit, quel poète,
la neige caressant sa lucarne, demanda au grillon
de l'âtre la cantilène de Jésus-Enfant ? Mais l'alle-

gro du Christ ressuscité, l'alleluia qui prend par la main les garçons et les filles, les entraîne vers le glorieux Sépulcre avec le disciple de l'amour, avec Madeleine, ce chant-là devait éclore en Provence, et il y fut primitivement un cantique à la louange des Saintes.

Jadis, deux fois l'an, le bas Rhône hébergeait l'Europe. La foire de Beaucaire, instituée en 1217 par Raymond VII de Toulouse, a cessé d'être le Novogorod occidental. Au pèlerinage des Saintes, moins complètement déchu, les bohémiens de tous pays viennent encore élire leur reine et brûler devant Sara, leur patronne, les cierges volés en chemin, tandis que résonnent dans la nef les acclamations provençales aux deux Maries.

Les pèlerinages conviennent à la dévotion du Midi, qui se refusa toujours à la mysticité doucement repliée des béguinages mi-clos, si chers aux Flandres. L'Église a utilisé simultanément l'énergie expansive du sud et la force centripète du nord. Les Croisades n'eussent ni commencé sans l'enthousiasme languedocien, ni abouti sans la discipline franque. Car, quoi que l'on dise, elles ont abouti à ceci que nous ne sommes pas gouvernés comme le Maroc ! La honte de l'Europe actuelle est de ne pas balayer la Turquie, de permettre les tortures de la Macédoine et de l'Arménie. Que les chicaneurs de la question d'Orient donnent le Bosphore au prince de Monaco, mais qu'ils n'y tolèrent plus un Sultan **rouge** !

Depuis les larmes de Charlemagne jusqu'au coup d'éventail reçu par l'ambassadeur de Charles X, la côte languedocienne resta la proie des Sarrazins ; le pis est qu'ils y ont perpétué leur sang. Ils ravagèrent, aux Saintes, le couvent de moniales établi en 513 par Césaire d'Arles pour garder les tombeaux des Maries ; l'oratoire primitif subsista seul. On attribue à Guillaume Ier de Provence l'érection d'une église en 992. Comtes, rois, papes enrichirent ce véritable berceau de la Gaule chrétienne. En 1448, Charles d'Anjou découvrit les corps des saintes, qui furent authentiqués en présence du roi et d'un légat. Ainsi qu'à Saint-Maximin, la piété locale déroba les châsses aux démoniaques de la Terreur.

Li santi Mario ! A sa façon le Midi leur témoigne son persistant amour. La fête s'achève en corridas ; les bouchons du vin des papes rythment les cantiques ; les chatouno dansent sans plus de scrupules que n'en marquent les romanichels à couper leur saquette en disant la bonne aventure. Dans les ruelles blanchies à la chaux ou sur la grève se mêlent les deux pèlerinages. Enfants déguenillés de la Bohème, dogues, roulottes peintes traversent la foule où résonnent tous les dialectes du roman. Des tziganes aux yeux de loups, bandits qui se feraient rouer pour sauver leur reine, et pour l'élire marchèrent cinq cents lieues, coudoient les femmes de Camargue au teint de grenade fondue dans l'albâtre. Et c'est ici le **triomphe des baisers et des rires, des** cantiques et des mots d'amour, des oranges et du saucisson à l'ail, divergences accordées dans la sonorité du parler d'Oc et dans la rutilance du soleil.

La nuit venue, les brigands de Hongrie, païens ou chrétiens on ne sait, veillent dans la crypte autour de sainte Sara, dont la châsse montre par deux vitres quelques ossements. Puis ces réfractaires acclament leur nouvelle souveraine et remémorent les rites sans âge, sybillins comme l'Orient, où se perpétuent leurs traditions touraniennes. Ils laissent au-dessus d'eux, dans l'église, mener son tapage d'enfant à cette Provence qui date à peine d'Homère.

Sa dévotion n'est guère plus logique parfois que la leur. L'impulsif Midi rappelle ces foules juives qu'un mot retourne, et dont l'hosanna s'achève en un crucifige. Là pourtant les saintes femmes, et Jean, et Joseph d'Arimathie !

L'allure réaliste du Calvaire, il la faut demander à « La Passioun de Noste Segne » jaillie de l'âme provençale en plein xviiie siècle. Elle s'enthousiasme et se désole, la longue cantilène ; elle nous fait rire et pleurer, écrite, semblerait-il, par Daudet et par Isaïe ; c'est comme un évangile marseillais. Mais sur l'agonie morale de Gethsémani rien n'a été pensé de plus poignant. Le félibre était là ; il a vu. En bon Méridional il se démène, appelle à la rescousse les esprits célestes. Et ce sont des « pecaïre ! », des « paure de nous ! » mêlés aux cris de pitié. Le pharisaïsme étant peu intelligible aux Provençaux, l'auteur, curé d'Orgon, ne s'en prend qu'à Judas, à sa rage d'avaricieux contre les profusions de la belle Madeleine. Et le drame se poursuit, narratif, exclamatif, avec les soudards, le « mal-appris » de valet, le sang dont s'arrose la salle, les cris de la populace, le crucifiement, le coup de lance qui à la Victime expirée arrache un don suprême, l'eau et le sang pour laver nos âmes.

De plus pur idiome, mais d'inspiration moins naïve, un cantique de Roumanille à la *bello doulento* me ramène à cette terre de Provence

> Que Madaleno a trapajedo,
> Que si lagremo an batejado.

Autant que la lumière le Provençal aime le bruit. Son « fèn de brut ! » l'enivre de joie ; son « zou ! zou ! » l'emporte aux atrocités de la Terreur avignonnaise. La nuit même, il capture « à la « fanfare » les petits oiseaux. Aussi ahuri serait-il devant la muette activité du Strand qu'un Anglais dans le vacarme de l'église, aux Saintes, lorsque descendent les châsses. Volées de cloches, bombes sur la place, musiques, pétards, tout est couvert par l'acclamation des pèlerins. Grimpés jusque sur les autels, tous se ruent pour toucher le câble et les reliquaires qui, lentement, s'abaissent de la voûte. *Plan ! plan ! Li caisso devaloun !* Vers ces châsses volent les rubans, les fleurs. Reposées enfin sur le maître-autel, on se bouscule pour leur faire toucher des objets pieux, tandis que de jeunes prêtres portent à baiser aux groupes écartés un bras d'argent. *Vivo li Santo !* Les cantiques redoublent, celui de Sant-

Gènt, ceux de Lourdes, ceux des Santi Marío ;
puis la procession sort, gagne la plage.

La croix paroissiale des Saintes s'avance en
tête, avec cette triomphale gravité qui fond
d'amour tout cœur chrétien, et qu'a si bien traduite le Vexilla. Les autres paroisses suivent,
chacune avec ses prêtres, sa bannière, souvent
un cantique spécial. Là revivent des mélopées
d'aïeule, des paroles qui traversèrent les âges,
des complaintes à demi provençales, à demi
françaises :

Dins la mar que nous encanto,
Grandi Santo,
Aduses vosti secour !

Remarquez cette mer qui nous enchante ; de
la détresse bretonne nous sommes loin. Il y faut
pourtant le secours du Ciel : la sirène a ses ca-
prices aussi redoutables que le Tenebrosum
Mare. Mais, à l'opposé de l'Arvor, la Provence
montre un joyeux courage, elle est plus femme.

Puis les confréries de Pénitents portent les
reliquaires en bois de cyprès qu'un drap d'or
recouvre, les coffres vénérables dont les quatre
clefs ne tournent que tous les cent ans. Et la
foule continue d'affluer, diocèses d'Avignon et
d'Aix, de Toulouse et de Narbonne, pêcheurs des
paluns, marins du large, bergers du Vaccarès
ou défricheurs des pierreuses garrigues, yeux
noirs ou prunelles fauves, blancs Hellènes ou
teints qui présagent l'Afrique.

> Gardas sus mar, sus terro
> Lou soudard e lou marin,
>   Bèlli Marío !
> Vous pregan per nósti famiho.

Enfin, sur les épaules de pêcheurs, paraît la barque couverte de roses où sont les deux Saintes. A leur passage, comme jadis au passage de Celui qu'elles suivirent en Judée, les mères tendent leur nourrisson infirme, mille bras supplient. Au milieu des cinq mille pèlerins, des bannières multicolores, le brancard s'avance vers l'immense plage, dans la gloire de midi, au bruit des cloches, des acclamations et du ressac. L'officiant se détache du groupe des prêtres, élève le reliquaire du Saint Bras, puis le plonge dans la mer pour la dompter.

*Voilà le génie de la Basse-Provence, vio-
lent, bruyant, barbare. Il faut voir ces
danseurs infatigables danser la moresque,
les sonnettes aux genoux, ou bien jouer la
bravade des Sarrazins. Pays des militaires,
des Agricola, des Baux, des Crillon, pays
de marins intrépides. Citons le bailli de
Suffren et le mousse Paul ; né sur mer
d'une blanchisseuse, il devint amiral et
donna sur son bord une fête à Louis XIV ;
mais il ne méconnaissait pas ses vieux ca-
marades, et voulut être enterré avec les
pauvres.*

MICHELET.

Sang mêlé de Ligures, d'Ibères et de Sarrazins, le demi-sauvage de la Camargue conserve
une sorte d'idéal chevaleresque. Il a les jalousies
du Maure, mais exalte davantage la femme. Avec
ses qualités actives il plaît peu aux méditatifs.
Sarrazin il inquiète, mais révolte tout à fait
quand le Ligure domine en lui.

Comme je revenais des Saintes sur une prolonge encombrée de pèlerins, deux vauriens pa-

rodiaient les cantiques susurrés par une vieille
dont le ruban arlésien claquait au vent. Ces brutes
faisaient scandale. Ils n'étaient point de classiques Provençaux; leur profil de chèvre, la filasse
blonde de leur moustache, leurs yeux de porce-
laine, leur ricanement surtout, si étranger à
l'atavisme grec ou latin, révélaient ces Ligures
qui, pour la honte du Midi, survivent aux héca-
tombes de Sextius. Ils me gâtèrent la pittoresque
dislocation du pèlerinage.

Après la procession, et les guirlandes du brancard jetées aux marins qui fixeront ces fleurs au
mât des barques, les psaumes des vêpres ache-
vés sur la splendide envolée de l'*In exitu*, mille
cierges brasillant, le *Magnificat* redresse la foule,
et les châsses remontent au milieu de nouvelles
acclamations. Alors l'assaut des trains, les gestes
éperdus d'employés, les cris et les vivats échan-
gés d'un wagon à l'autre, les accordéons et les
orchestres, un charivari de cantiques et d'airs
d'opéra, l'ivresse du tapage et de la couleur. Les
bérets de la flotte fraternisent avec les bonnets
rouges des pêcheurs; la noble arlèse, le somptueux manteau noir dégageant le cou, jettent leur
note classique parmi des foulards jaunes ou écarlates comme en arborent les négresses. Au loin
sur la route plate côtoyant les lagunes, galopent
sans fin les roulottes aux croisées vertes, les
pataches, les carrioles secouant leurs hommes
qui gesticulent, leurs femmes les cheveux au
vent, puis d'invraisemblables chars, des moitiés

de tonneau auxquelles on ajouta deux roues. Je
remarquai dans une tapissière tout un village de
jeunes Provençales riant avec un vieux prêtre,
gardien de cette caravane, blotti auprès du mar-
chepied ; leur équipage, traîné par une hari-
delle, peinait, s'attardait, rejoint par les chars-
à-bancs où s'entassaient des personnages de
Daudet, de tragiques faciès à la Ribéra, de souffreteux Italiens, des Marseillais joviaux, des
mendiants, des galéjaires et des moines.

Seuls s'attardent aux Saintes les parents des
pêcheurs. La voto y continue le pèlerinage. Jusqu'à l'aube on danse les polkas et les quatre
espèces de farandoles, dont la moresque et la
turque appartiennent mieux à cette côte que la
tradition bachique. Le lendemain, les gardians
reviennent, leur fiancée assise en croupe de côté,
et une corrida s'organise, où le vainqueur enlève,
pour l'offrir à sa belle, une cocarde fixée aux
cornes du taureau.

Je suis probablement le seul Français que le nom de Tarascon ne fasse pas rire.

Mon humeur contre cette ville ne procède point de la déconvenue commune aux touristes qui, alléchés par les descriptions des fresques du roi René, sont informés à la poterne du château qu'une permission du préfet de Marseille est ici requise. Aventure fréquente en France, par exemple à Fontevrault où sont les tombeaux des Plantagenets. Notre intelligent siècle transforme en prisons les lieux d'art.

Non, mon grief c'est qu'à Tarascon tout offre l'image d'une société en décomposition. Là pas même d'impiété violente, car les processions sont autorisées. Seulement, tels messieurs qui portent le dais à la fête de sainte Marthe se jugeraient compromis de le porter à la fête du Saint-Sacrement ! J'ai vu dans la crypte deux promeneuses des alentours entrer à grand bruit sans s'agenouiller, considérer la statue de Marthe et conclure : « Elle était jolie si elle ressemble. » Dans la rue, les gamins lancent des pierres aux vieilles femmes, puis, s'ils sont pris, se jettent à genoux en implorant grâce. Tout révèle un peuple non foncièrement mauvais, mais qui ne possède plus d'éducateurs d'aucune sorte. Les hommes paraissent idiotisés par la paresse ; les femmes rient, lutinent, très éloignées de l'eurythmie provençale, hormis les rares qui prient dans les églises.

J'éprouvai à Tarascon la sensation de deux Provences : celle de jadis, dont quelques âmes admirables çà et là survivent, puis celle que préparent les démagogues. Sur ce peuple de pitres, dont les terrasses des cafés exhibent les galbes dégénérés, j'appelai les catastrophes rédemptrices. Des phrases de Renan et de Huysmans contre ces Méridionaux sans idée se réveillèrent ; je retrouvai l'indignation de nos pères, ceux de la croisade contre Albi ; le Midi entier m'apparut un amas de praticables dépeints sur une arrière-scène d'opéra.

Je me refis équitable en mesurant la culpabilité des chefs naturels de ces populations, patriciens dilettantes ou prêtres sans cœur d'apôtre. Je me reprochai aussitôt d'avoir méconnu le pauvre Miéjour, sa joie d'irresponsable enfant. Au fond il exaspère comme raisonneuses plutôt que comme chrétiennes les têtes du Nord. Nos philosophes lui sont plus durs que nos croyants.

N'importe, objectai-je, le jury des Bouches-du-Rhône acquitte infanticides et parricides ; la déchéance morale suit ici l'oblitération religieuse. Oui, mais hélas ! Daudet l'a dit : « En France « tout le monde est un peu de Tarascon. » Le crépuscule enveloppait les monts rhodaniens d'une finissante lueur rousse ; ils se profilaient très précis, en bleus morts. Je songeai que la netteté de contours accuse aussi plus vivement les déclins de l'âme ; le Midi révèle ce qui ailleurs se dissimule.

Ma méditation s'acheva devant une photogravure de la Tarasque : un groupe de curieux dont les uns paraissaient s'amuser, les autres accomplir un rite, entouraient le monstre carnavalesque, que tenait par un ruban une fillette au long voile, munie d'un bénitier.

Il y avait entre Arles et Avignon un dra-
gon qui était comme un poisson à partir
de la moitié du corps; plus gros que bœuf,
plus long que cheval, qui avait la gueule
garnie de dents énormes. Il était venu par
mer de la Galatie, où il avait été engendré
d'un serpent marin.

Légende dorée.

Qu'était donc cette Tarasque, à qui les Tarasconnais actuels semblent plus dévots qu'à sainte Marthe ? Sous les amplifications méridionales et les divagations des Bestiaires gothiques, quelle réalité se cache ? Marthe délivra-t-elle la contrée d'un fléau naturel, ou bien démoniaque ? Volontiers croirais-je à l'un de ces crocodiles, alors aussi rares que l'est devenu le castor. L'imagination en fit la Tarasque; la moindre bête ici devient monstre : j'ai vu un quartier ameuté par la destruction d'un « serpent », lequel était une couleuvre. Dans le merveilleux des rivières provençales le *drac* joue un grand rôle.

Pour sûr, la Narbonnaise ne se détacha point
du mithrisme et des tauroboles sans apôtres ni
sans prodiges. Il est également certain que l'ani-
mal peut obéir à des impulsions extra-naturelles ;
normalement même, il possède plusieurs facultés
inexplicables pour la science, telles l'orientation
spontanée et les affinités réciproques hors de la
zone visuelle. Enfin, la présence de Marthe dans
la vallée du Rhône demeure historiquement indéniable.

Outre les traditions de son séjour et de ses
miracles à Avignon et dans les bourgades de la
Durance qu'elle convertit, son culte apparaît dès
l'aube de l'Église tarasconnaise. Son tombeau
actuel date de la Renaissance, mais il renferme
le primitif sarcophage, dont les bas-reliefs se
rattachent nettement, par la draperie, surtout
par l'attitude des groupes, l'eurythmie des poses,
à l'école grecque d'Arelas. L'étrange autel, en
forme de socle, que l'on voit dans la crypte, est
antérieur à l'époque carolingienne ; la vétusté de
la pierre, l'aspect antique rappelant l'art des catacombes, peuvent le reporter jusqu'aux temps
apostoliques.

Ne dédaignons pas trop le recueil de Voragine.
Il contient sur la retraite, la mort de Marthe, de
vraisemblables anecdotes ; il explique que Lazare
et les Saintes ne s'embarquèrent point d'eux-
mêmes sans rames, ni voiles, mais furent lancés
de la sorte sur mer par les Juifs. Dieu protégea
ses fidèles ; et j'estime que voilà l'explication

vraie de leur exode vers la Provence, l'an 48.

La valeur de l'âme s'affirme le mieux chez les saints. Ceux qui permirent à Dieu de les soustraire au monde vivent dans le miracle ; leur corps même finit par s'affranchir de cette matière qui borne l'horizon de l'athée. Raban Maur décrit l'atmosphère de surnaturel qui auréola les derniers jours de Marthe. La bourgade rhodanienne revit ces triomphes de la dilection sur la mort, qu'avait connus Béthanie. Les deux sœurs ne s'étaient plus rencontrées, malgré leur promesse, depuis leur séparation sur le sol provençal. Marie-Madeleine, expirant le 11 des calendes d'août, huit jours avant Marthe, lui apparut au sein du ravissement céleste. Pareils faits abondent dans l'hagiologie : saint Vincent de Paul eut semblable révélation pour sainte Jeanne de Chantal ; saint Alphonse de Liguori assista miraculeusement l'agonie de Clément XIV. Mais les amis terrestres de Jésus méritaient un plus rare privilège ; il avait ressuscité Lazare, consolé la pénitente de la Sainte-Baume ; il se montra à Marthe, substituant une clarté divine aux flambeaux que les chrétiens du Rhône venaient d'allumer devant la couche de leur évangéliste expirante. Ces apparitions sont consacrées par la liturgie des Églises d'Aix, d'Apt, d'Arles, de Lyon, de Marseille, de Tours, de Paris, de Cologne, c'est-à-dire par nos plus anciens centres d'apostolat.

Raban Maur mentionne les innombrables guérisons opérées sur le tombeau de la sainte. Clovis y fut délivré de maux cruels et octroya au sanctuaire le territoire voisin, donation que maintinrent ou étendirent tous les rois de France. Louis XI, averti en songe à Tarascon par Marthe de refuser le lendemain le vin de l'ablution, qui se trouva être empoisonné, offre à la basilique un cierge de 144 livres, un calice, un tabernacle et quatre lampes d'argent, un buste d'or pour enfermer les reliques; il fonde un chapitre royal de quinze chanoines. Les autres rois qui visitèrent la Sainte-Baume n'omirent point le pèlerinage à la châsse de sainte Marthe.

La crypte où elle repose est le primitif oratoire où elle pria, et où s'agenouilla Clovis. L'église supérieure, du XIIe siècle, reproduit le gothique du Midi, plus sévère que celui du Nord, et qui se dégagea mal du roman. A peine distingue-t-on, dans la pénombre, les toiles de Vanloo, des Parocel, de Carrache, de Mignard ; leur joliesse contraste avec la gravité des sujets. Ainsi dans la mentalité provençale la joie des formes souvent cache l'austérité de la pensée.

Sauf quelques fragments dispersés en Espagne, en Belgique, en Italie, et le chef dérobé sous la Révolution, le corps de Marthe repose ici et à Montpellier, où le bras et la main gauche restent revêtus de la peau constatée en 1187 à la reconnaissance officielle des reliques ; alors, après l'expulsion des Sarrazins, on les retrouva sous une tablette de marbre qui mentionnait le dépôt sacré.

L'Église de France devrait rougir qu'un pareil sanctuaire soit tombé dans un oubli qui correspond, hélas ! au semi-rationalisme d'un certain clergé, aux yeux duquel l'action providentielle ne doit pas franchir la stricte borne des récits évangéliques ; hors de là, Dieu n'est plus chez lui, il abuse !

Par-dessus le Rhône se menacent les blancs
créneaux de Tarascon et les courtines ébréchées
de Beaucaire. Cité d'où la vie s'est retirée. Elle
loge la misère sur ses balcons si joliment encor-
bellés. Le canal enfonce dans le triste Languedoc
sa rectiligne dolence, vers Saint-Gilles aux fenêtres moresques, aux exquises colonnettes ecclé-
siales, puis vers Aigues-Mortes.

Sur sa roche le donjon de Beaucaire contemple
les horizons interminables. Au bas, le large
fleuve, moins torrent déjà, bientôt lagune, égrène
ses caillouteuses grèves, les futaies de ses îles.
Les garrigues cévénoles l'encaissent au nord. Au
nord-est, muraillant la plaine comtadine, la lente
ondulation du Ventoux gagne sa cime de deux
mille mètres. Au levant, par-dessus les Alpines
et leur défunte cité des Baux, la chaîne de Sainte-
Victoire profile ses bosses de mille mètres, infé-

rieures aux pics vaporeux qui plus au sud surgissent des monts de la Sainte-Baume, à vingt-cinq lieues.

Séduction diverse des étendues ! Le biblique Sahara fascine par son silence ; c'est un vertige de s'y élancer pour mourir. Le paysage de Sainte-Anne-d'Auray attire ainsi qu'un conte de fée, ouï jadis. Le sourire de la Loire finit dans un lointain de cendre ; ariette de Louis XVI, douce, délicate, désespérée. Le panorama provençal, aux tonalités du Vinci, sollicite l'intelligence plutôt que le rêve ; son charme, moins poétique qu'esthétique, fortifie l'âme sans la troubler. C'est une cure de santé morale, l'inverse de l'invitation aux renoncements égoïstes qui, lentement, au bord des étangs de l'Ouest, asphyxie la volonté d'un Dominique.

La sensation classique, théologique aussi de ce paysage, que Dante n'a point vainement regardé, s'accroît par les détails : monts que se rappelèrent étonnés les voyageurs de la Grèce et de la Judée, arènes latines, Palais des papes, et au loin, en un azur pailleté d'or que n'éteint pas la distance, la Thébaïde de Marie-Madeleine.

Nous traverserons, pour y prier, les Bouches-du-Rhône, d'abord la Crau de Mireille, puis les collines aixoises, leur Normandie d'abricotiers et de pêchers, d'où blanchit au fond d'une plaine immense d'olivettes la triple arcature de Roquefavour, défi moderne au Pont du Gard. A l'est

de la montagne du Cengle, nous aborderons le
Var, entre l'Olympe provençal et Pourrières où
vainquit Marius. Étrange pays de clarté et de
solitude, ces marches de la Provence austère !
Genêts et chardons aux fleurs d'or, que sur-
plombent les cimes dénudées de rocs violets ;
une Bretagne qui aurait mis ses falaises au-
dessus de ses landes. Puis une aérienne cité profile ses courtines ; de près on reconnaît des
roches naturelles. Au bout de la plaine rose une
montagne flambe sur le fond d'une chaîne plus
lointaine de rubis et d'albâtre. Avant de
s'éteindre aux Roncevaux de la Sainte-Baume
la palette provençale s'est surpassée. Pics et
mamelons partout surgissent, épuisant la gamme
des couleurs, sous le profond cobalt du soir. Les
sorgues d'arrosage bordées de canniers découpent le val, où sur l'ocre des labours mi-
naudent les villas peintes.

Et le paysage se transforme encore, ne laisse
aucun répit, comme toute cette Provence,
choses et êtres, qui harcèle vers l'idéal nos
esprits las. Forêts de pins, mornes sables, plus
loin platanes géants, prairies très vertes, et de
nouveau les glèbes aux roseurs de pastèque, puis
d'énormes falaises de blancheur aveuglante ou
qui saignent. Pourtant c'est bien la fin de cette
splendeur ; la route éventre des roches déso-
lées, et l'on pourrait se lancer à droite au fond
de ces gorges sans rien rencontrer jusqu'à la
Sainte-Baume, hormis chênes verts et cailloux.

Mais d'abord, au milieu de sa vallée, Saint-Maximin nous sollicite par l'étrangeté de sa longue basilique, échouée ainsi que l'arche d'Ararat.

*L'élément populaire est la cause de la
grandeur de l'art. La religion seule peut
unir l'art et le peuple.*

E. Cartier.

Le Midi ne farde pas ses façades. Deux tour-
jons, quelques contreforts sans ornement, un
toit de tuiles annoncent peu le sanctuaire où
s'évoque le berceau de la Gaule chrétienne et
auquel tout le Moyen Age travailla. Ici Marie-
Madeleine, quittant sa montagne, vint mourir
aux pieds d'un évêque ; l'ascétisme ne dispense
point des voies normales.

Des lieux saints de Provence voici le mieux
attesté par l'histoire et l'archéologie. Mais l'ad-
jonction des autres classe le voyage des Maries
au rang de ces grandes actions de la Providence
dont la liberté morale de l'homme est informée
par fractionnement ; la foi ou la volontaire
incroyance peuvent, soit réunir les détails, soit

les isoler. Ainsi fut-il des prophéties messianiques et des groupes de miracles. A nous de recomposer la figure !

L'effroi saisit à la pensée des opiniâtres négateurs d'un fait confirmé par tant de preuves convergentes, et qui seul permet à la France de s'intituler la Fille aînée de l'Église.

Elle l'est grâce à cette Provence, si jalouse cependant de son autonomie et qui, après la réunion, prétendit traiter de royaume à royaume, s'exempter des milices, frapper monnaie, conserver ses vigueries, ne relever que de ses États présidés par l'archevêque d'Aix. De cette vitalité provinciale l'origine est plus religieuse que romaine. Morcelée politiquement entre la Narbonnaise et la Viennoise, ensuite entre le royaume d'Arles et celui de Bourgogne, la Provence ne continua de s'affirmer que grâce à l'organisme de sa primitive Église. Elle compte jusqu'en 1789 vingt-deux diocèses, le sixième de ceux de France, sous l'archevêché primatial d'Arles et les archevêchés d'Avignon, d'Aix et d'Embrun. La tradition ecclésiastique attribue à saint Lazare ou à ses disciples la fondation épiscopale de Marseille, Saint-Paul-Trois-Châteaux, Toulon, Orange, Avignon, Cavaillon, Aix, Sisteron, Grasse, Glandèves, Nice. Les autres diocèses étaient rattachés à l'apostolat de saint Trophime.

Alors que persiste l'esprit latin de la prépondérance du magistrat sur l'armée, l'idée de la

suprématie religieuse a fui ce sol. Par là dispa-
raîtront les vestiges d'une autonomie que le félibrige galvanisa pour peu de temps. La Provence ne pourra renaître qu'au sépulcre de Madeleine.

Dans certaines constructions neuves je reconnaissais à Saint-Maximin la truelle romaine, la
tradition du petit appareil. Mais rien n'attestait
plus le christianisme, sauf le nom même du bourg
et quelques ruines. Pourtant cette contrée entière
s'est appelée la Terre des saints ! Les derniers
religieux Dominicains, auxquels demeurait ré-
servé le chœur de la basilique, vont s'exiler
devant la loi sectaire que tant de démagogues
du Var, des Bouches-du-Rhône et du Vaucluse
viennent de voter. Mais ceux-ci ne sont qu'une
résultante ; loin par delà il faut exécrer la sécheresse de cœur qui tua la foi, le Jansénisme et le
Gallicanisme. Encore ne sont-ils pas seuls coupables ! Qui donc ôta de la religion l'art et
l'amour ? Qui donc tarit la sève des cathédrales,
sépara le riche du pauvre pour fonder, hors de
la fraternité liturgique, la vaniteuse « petite
« paroisse » ? Qui donc désapprit aux fidèles le
culte du Saint-Esprit, Principe de tout amour,
de toute sanctification, et sans lequel une oraison
déclare que nul ne prononce utilement le nom de
Jésus ?

Ah ! l'âme du xiiie siècle ! L'âme amoureuse
et virile qui édifiait Chartres, Bourges, Amiens,
et fit jaillir du tombeau de Madeleine la nef de

Saint-Maximin ! L'art priait. Comme à Dieu voilé sous les Olympiens l'Hellas avait prodigué ses marbres, et dans cette générosité réalisé l'apogée d'un Beau, une autre beauté s'élançait plus grandiose, plus espérante, du cœur des architectes, des maîtres imagiers et des foules.

Contrairement au style provençal, l'intérieur de Saint-Maximin projette haut ses colonnes et ses voûtes d'un pur gothique, sévère pourtant. Trois longues fenêtres jumelles, aux ogives quadrifoliées, contournent l'abside. Des arceaux dont l'impression reste romane séparent de la grande nef les bas-côtés. Évocation de la Pénitente, ou mise en garde contre le payen soleil qui rôtit les pierres du dehors, la sombre église éveille, plutôt que le *Te Deum*, le *Miserere*. Même les parties des bas-côtés où travailla le xvie siècle demeurent sobres, sans trace du style flamboyant qui marque seulement l'ornementation touffue, dragons et feuillages, des derniers arceaux et des portes; exception imperceptible à une simplicité sculpturale qui atteste la pensée classique, le style dominicain et l'austérité religieuse par quoi le Midi rachète ses profanes enthousiasmes.

Pas de transept, et les collatéraux s'arrêtent au chœur. Ainsi le symbolisme de la Trinité divine fondue en l'Unité semble remplacer ici celui de la croix. Peut-être importait-il que le Nord reçût dans ses cathédrales une leçon de christia-

nisme positif et de piété dilatée, tandis qu'au
Midi, qui eut la « sainte folie de la croix » mais
resta exposé à l'arianisme, le dogme métaphysique et le repliement intérieur étaient rappelés.

Étrange réalisation d'art, que surgisse devant
cette nef ogivale l'image des églises romanes de
Caen et de Cunault, plutôt que celle du gothique
septentrional ! Quelle énigmatique affinité relie,
en dépit des styles, les palais de Londres à
l'Alhambra, et à la voûte romaine les arceaux de
Saint-Maximin ? Byzance, dont s'inspirèrent
séparément les Maures et les rois Plantagenets,
expliquerait la première de ces analogies ; la
seconde sûrement découle du latinisme provençal. L'art géométrique de l'Antiquité reparaît à
Saint-Maximin, car les architectes y signalent
comme base exclusive du système harmonique
le triangle rectangle.

Pour restituer la mysticité de cette église il la
faudrait repaver de ses pierres tombales, refleurir de ses soixante-six verrières. Malgré de pompeuses marbreries du xvii° siècle, son abside
rayonne vraiment chrétienne, d'une clarté paradisiaque, au bout de la nef plutôt sépulcrale. La
supériorité de la forêt sur le square, elle la garde
sur les musées, avec son pullulement de tableaux,
de retables, d'orfèvreries, d'incomparables soies
brochées, alluvion séculaire où une bannière de
confrérie coudoie un groupe sculptural. Chaque
époque légua sa pensée : le Moyen Age peignit

douloureusement l'amie du Crucifié ; le Grand Siècle sculpta une Gloire en plâtre doré ; la Régence dessina une Madeleine avant le pardon. Ah ! je discerne trop les jours où, proche d'abdiquer la foi, la France perdit l'esprit chrétien ! Les magnifiques boiseries de la chaire, de l'orgue, des stalles, sont nées de la prière des lèvres ; j'irai redemander l'âme évangélique aux ténébreuses chapelles, aux lanternes et à l'obituaire des Pénitents, à la sépulture des marguilliers voués au Dévot Illuminaire de Notre Dame-de-la-Miséricorde.

L'instinct démocratique, qui, au temps où j'avais cessé de croire, me conservait une nostalgie de l'Évangile, m'attacha dans Saint-Maximin, plutôt qu'aux blasons de princes bienfaiteurs, aux nomenclatures de sculpteurs sur bois, de peintres verriers, de moines imagiers et d'orfèvres, qui n'espéraient point perpétuer leur nom. Je songeais au miracle de Byzance, au *Sophia me ædificavit* qui, la basilique achevée, récompensa Sophie, la pauvresse ayant apporté un peu de sable.

MICHELET.

Relisant les noms de confréries dont chacune entretenait une chapelle : bourgeois voués à Marie-Madeleine, muletiers à saint Éloy, laboureurs à saint Antoine et aux âmes du purgatoire, ménagers à saint Pons, tisserands à saint Blaise, artisans à saint Pierre, puis les tailleurs, les charpentiers, les maréchaux, les Sœurs du tiers-ordre dominicain, j'écoutais au fond du Moyen-Age les cloches sonner plus fraternelles que maintenant. Ils n'avaient point alors imposé à la bonté de Dieu leurs limites, damné les mages, distancé les bergers, chassé de la crèche le bœuf et l'âne ! Oui, l'Église a connu quinze siècles où l'on pouvait croire mort le pharisien, où personne n'eût osé capter le sang du Christ.

Je traversai tout le Moyen-Age, je dépassai le temps des martyrs, je descendis dans la crypte de Saint-Maximin. Ses murs, débarrassés des enduits postérieurs, ont montré les blocs de ciment et les rangées de brique de la maçonnerie romaine. C'est bien le cubiculum où les premiers chrétiens déposèrent le corps de Marie-Madeleine. C'est bien ici que s'est terminé l'épilogue du Calvaire ! Reculant encore dans le passé, je reconnaissais le columbarium payen du culte des morts. Seulement, aux Catacombes, l'attente de cette résurrection de la chair, qui comble notre idée de la Sagesse providente et notre espoir, substitua aux urnes cinéraires le symbolique sarcophage, conservateur de la forme ; puis, au fond de la cella, une cathèdre pontificale précisa la route de l'humanité, jusqu'alors errante. Ici la place de cette cathèdre fut occupée par un autel et par une niche murale qui aujourd'hui renferme le chef de la Pénitente et quelques très précieuses reliques. Les quatre sarcophages rangés, avec les couvercles de deux autres, contre les parois de la crypte montrent, sous le fumillement des lampes, leurs sculptures constantiniennes.

Le Verbe est présent à l'intelligence des hommes mêmes qui l'ignorent. Pierre ne nous dit pas : « N'adorez point le Dieu « qu'adorent les Grecs », mais : « Ne l'ado- « rez point comme font les Grecs. »

Saint-Clément d'Alexandrie.

Damner tout ce qui vit hors de l'Église, refu- ser ensuite aux fidèles les sacrements parce qu'ils n'en sont pas dignes, telle fut la théorie jansé- niste. Elle a plus contribué que Voltaire à tuer la foi. Déjà saint Vincent de Paul se lamente sur les ruines spirituelles causées par Port-Royal. Ces parangons d'austérité, de qui l'orgueil moral aigrit les pittoresques vertus, l'intellectuelle mys- ticité, et qui aboutirent à une rébellion hypocrite contre le pape, eurent deux excuses : le père des Arnaulds, gentillâtre sans fortune, préci- pita dans le cloître, par un féroce orgueil, toute sa progéniture, qui garda le fiel des vocations contraintes ; ensuite le Jansénisme est l'abcès hérétique d'un virus que l'exclusivisme latin avait infusé à la théologie scolastique.

Au IV⁰ siècle le christianisme ne s'était pas encore teinté de cet esprit. L'Église naissante restait humainement hébraïque ou grecque. Paul ne réprouvait point les non convertis. Les Pères alexandrins béatifiaient Socrate. Mais, deux siècles après l'époque constantinienne, aucun ciseau n'eût osé mélanger, ainsi que sur les tombeaux de Saint-Maximin, à l'histoire évangélique les chimères délicieuses de la finissante Hellas. Rome fut la première barbarie. La seconde, celle du Nord, n'eût pas supporté les lignes harmonieuses des personnages ; violemment résignée à la vérité divine, elle se vengeait sur la création physique, anticipait le squelette.

Avec un plaisir religieux et esthétique, je retrouvais sur le sarcophage de Madeleine des colonnettes attiques, des génies faisant les vendanges, parmi le monogramme de Constantin, la croix gemmée, et les grandes scènes représentant la Décollation de saint Paul localisée par un roseau et une barque, puis le Cyrénéen portant la croix, Jésus devant Pilate qui se lave les mains, le baiser de Judas, et le Christ assis sur une porte de ville, parlant à deux soldats ; certains reconnaissent plutôt ici une Résurrection, l'ange, un garde.

Le tombeau de l'évêque Maximin offre d'abord

un Christ hiératique entre Pierre et Paul, sur le monticule d'où les quatre fleuves édenniques découlent ; l'Agneau crucifère et deux palmiers, dont l'un soutient, au lieu du phénix mythologique, un coq, complètent ce sujet central. Il est encadré à gauche par Moïse recevant les tables, et par la prédiction du reniement de Simon-Pierre ; à droite par la remise des clefs au prince de l'Église et par le sacrifice d'Abraham. On sculpta sur le couvercle le Massacre des Innocents, l'Adoration des Mages, puis une tessère supportée par des génies, et aux extrémités ces têtes juvéniles où M. de Rossi distinguait une caractéristique de l'école arlésienne.

Le troisième sarcophage, d'attribution discutée, présente trois sujets séparés par des cannelures strigillées. Le Christ accueille un orant ; à chaque extrémité un personnage lève la main. Le couvercle porte, avec les têtes juvéniles d'Arelas, plusieurs dauphins dévorant des poissons et des poulpes.

Le tombeau de saint Sidoine, le plus vaste, est rectangulaire d'un bout, demi-circulaire de l'autre. Au centre, deux génies soutiennent une tessère percée d'une fenestella. La résurrection de la fille de Jaïre, la remise des clefs figurent à gauche ; à droite le sacrifice d'Abraham et la multiplication des pains.

Au fond de la crypte sont encastrées dans le mur quatre dalles lisses, ornées de cette gravure à simple trait qui caractérise les sépultures des

Catacombes. De ces pierres funéraires l'une
représente le sacrifice d'Abraham, une autre
Daniel parmi les lions. Les deux dernières, d'un
marbre jadis blanc, portent des orantes ; l'une
montre aussi la Vierge vêtue d'une dalmatique,
et emprunte aux Apocryphes — ce qui indique-
rait le II siècle — cette légende : *Maria virgo
minester de tempulo gerosale* qui, traduite du
patois narbonnais, étape entre le latin et le provençal, signifie : « La Vierge Marie, servante du
« temple de Jérusalem. » Sur la quatrième dalle
cette Vierge est remplacée par une femme que
l'on croit être la Suzanne biblique ; elle préfi-
gure l'Église, de même que Daniel dans la fosse
et Isaac délivré du bûcher symbolisaient, aux
primitives nécropoles chrétiennes, la foi en la
résurrection.

Je me demandais, au début de ma conversion,
comment nul n'avait recueilli au pied de la Croix
quelques gouttes du Sang dont la valeur spirituelle racheta la révolte du premier homme. La
sainte Ampoule me semblait quelque superstition gothique ; j'en ignorais la signification, et
la croyais à Reims. Je ne fus pas peu surpris
d'apprendre qu'elle était une fiole ayant contenu
ce sang dont je rêvais, et que l'on en conservait
à Saint-Maximin les débris. A vrai dire, il existait à Reims une relique du même nom, renfer-

mant l'huile qui avait sacré Clovis. Les Gallicans me pardonneront, j'imagine, de vénérer davantage celle de Saint-Maximin.

Le tube actuel en cristal date du XIVᵉ siècle ; il contient les morceaux de la fiole primitive où les Saintes Femmes avaient recueilli, puis apporté en Gaule un peu de la terre rougie par le Précieux Sang. Conformément à la tradition antérieure, Charles II retrouva cette relique avec les autres. Elle devint le sujet d'un miracle moins permanent que la conservation du *Noli me tangere*, mais qui se reproduisait chaque Vendredi Saint, et vers 1700 attirait encore six mille pèlerins. Ensuite il cessa. L'homme délaissant Dieu, Dieu délaissa l'homme ; individus ou époques reçoivent la mesure de surnaturel où ils désirent vivre. Jusqu'au temps de Voltaire, d'innombrables pèlerins, accourus de toute la Chrétienté, avaient vu, après la lecture de la Passion, la fiole bouillonner, se remplir de sang.

Le bourg, que n'éclairait point alors une municipalité socialiste, déléguait, pour honorer la Sainte Ampoule, son capitaine accompagné de pertuisaniers. Le règlement communal enjoignait aux notables d'entretenir une bande de violons pour marcher aux processions. Le premier consul du bourg offrait au buste de sainte Madeleine un bouquet de fleurs.

On vénère au fond de la crypte, outre la Sainte Ampoule, un bras de la Pénitente et son

chef. Celui-ci, qui reposait jadis dans une châsse
donnée par Anne de Bretagne et volée par les
Terroristes, occupe un reliquaire moderne en
cuivre doré. Voilà donc, noirci par les siècles,
ce crâne dont les lèvres baisèrent les pieds de
Jésus ! Voilà ces orbites dont les yeux contem-
plèrent la Croix !

L'universel culte des tombes, la chrétienne
dévotion aux reliques proclament la résurrection
de la chair. Pourtant ce n'est point auprès de
leurs vestiges physiques que s'évoquent les morts;
Il y a moins de Marie-Madeleine à Saint-Maximin
qu'à la Sainte-Baume. Ici en outre c'est la montagne ; or, la Bible consacre les Hauts-Lieux,
toutes les religions vénèrent les cimes.

L'accès de la Sainte-Baume est plus aisé par
le sud que de Saint-Maximin. L'on franchit entre
Marseille et la grotte une douzaine de lieues et
dix-neuf siècles. D'Aubagne à Auriol le wagon
traverse encore une Provence joyeuse, vallée de
prairies, d'oliviers, d'aloès. Puis une diligence
monte jusqu'à Saint-Zacharie ; le paysage se
crispe et s'assombrit.

Arrivé à Saint-Zacharie, vers quatre heures
du soir, je me lançai en bon pèlerin sur le sentier de la grotte, et ne tardai guère à regretter les

propositions du loueur de voitures. Les trois lieues sont doublées par les aspérités du chemin ; aucune maison ; le crépuscule baissait sur les rocs et les pins sinistres du torrent. Ces gorges rappellent Roncevaux, et si je m'étais muni d'un olifant, j'en aurais volontiers sonné. Je m'amusais de cette idée pour chasser la croissante perspective de coucher dans la montagne, car, au bout de deux lieues, le sentier de mules se bifurquant, je risquai un raccourci et m'égarai. Roland et le Petit-Poucet ne me faisaient plus rire ; afin de me soustraire à l'angoisse d'une nuit lugubre dans cette forêt de dix lieues, à jeun et sous le mistral, je m'excitais à la colère contre les *Guides Joanne* qui ne renseignent pas mieux le voyageur, et contre les religieux qui n'entretiennent point une meilleure route. J'avais beau courir, essayer les diverses pistes tracées sur le roc à travers les petits chênes verts et les thyms, j'arrivais toujours devant la gorge du torrent, muraillée de roches blanches et de pins noirs, et crénelée au loin par les pics boisés. Je finis pourtant par atteindre, à l'aveugle, un hameau désert et un couvent de Dominicaines dont la tourière, après m'avoir indiqué la Sainte-Baume au fond d'une vallée immense, me ferma précipitamment la porte au nez. La nuit venue, et redoutant d'arriver après le coucher des Pères, j'achevai d'un bond les deux kilomètres, trébuchant dans les sapinières qui varient la désolation de cette plaine nue.

Je crus, le lendemain, m'éveiller dans la Kaby-
lie. En réalité, la vallée est un haut plateau,
mais dominé par des cimes dont celle du Saint-
Pilon atteint mille mètres, élévation de montagne si l'on réfléchit au voisinage de la mer.
Surtout climat de montagne, démentant la lati-
tude de Marseille. Brume glaciale et, au bas du
pic, une forêt septentrionale, unique en Provence ; aux pieds de Madeleine la nature apporta
donc aussi la France du Nord !

L'hôtellerie semble dater de don Quichotte,
cinq à six froides cellules carrelées pour les
hommes, autant pour les dames à une autre aile
que desservent quelques religieuses. Là vivent
un prieur Dominicain, quelques Pères, une demi-
douzaine de convers italiens, portugais ou provençaux. Vraiment chaque individu reproduit sa
race : l'espièglerie d'un Portugais me confirma
le proverbe que je supposais inventé pour la

rime ; un Italien s'insinua pour me narrer à
grands gestes graves certaines prophéties pro-
mettant le triomphe à la politique française de
Léon XIII. Mais les peuples s'unifient dans la
vie de l'âme ; les soirs, c'est un presque angoissant refuge de prière, en ces solitudes âpres,
que l'oratoire aux stalles sombres où gémit sous
une veilleuse la psalmodie de ces ascètes si
écartés de leur temps.

Une abominable fausse note me gâta le déjeuner dans le réfectoire vieillot : certain touriste
marseillais, à casquette blanche, venu pour
« couvrir des kilomètres » et fort insoucieux du
pèlerinage, m'obligea par ses prévenances à
délier la langue. C'était assurément un excellent
garçon ; je lui souhaitai bon retour, et bénis le
Ciel qu'il fût parti.

Si l'on a échappé au molosse à tête d'ours
polaire qui garde le prieuré, l'on suit, pour
monter à la grotte, une monacale avenue abou-
tissant à la forêt. Là commencent les lacets du
sentier qui grimpe jusqu'à mi-hauteur de l'abrupt
Saint-Pilon, puis se bifurque, achevant à gauche
l'ascension, et remplacé à droite par le raidillon,
souvent emporté par les neiges, qui conduit à la
retraite de Marie-Madeleine. Et la forêt du Nord
aussi grimpe. Ses hêtres colossaux, ses ifs filan-
dreux au vert funèbre, ses érables, ses houx
arborescents entretiennent une fraîcheur propice
au tapis de lierres, d'herbes, de feuilles pourries,
de daphnés, si contrastant avec les arides sous-

bois des garrigues rhodaniennes. Une renoncule rampante, aux feuilles trifoliées, partout dresse sa charmante petite coupe bleue. Des blocs couverts de mousse sont dégringolés du formidable mur où traînent en mars les coulées de neige. Les racines d'un arbre serpentent sur le sentier que sa ramure balaie plus haut. Un ramage de pinsons et de merles accompagne le pèlerin jusqu'à la saillie de rocher où bée la grotte.

Il m'arriva une fois d'écouter les critiques
démolisseurs. Un aventurier de bibliothèques
prétendait avoir découvert au Vatican que la
maison de la Sainte Vierge n'aurait point été
transportée à Lorette par les anges, mais aux
frais de la famille *Angeli*, d'où la confusion. Je
donnai dans cette bourde, puis le regrettai après
examen, car le miracle semble indéniable.

Certains phénomènes médiumniques, quelle
qu'en soit la source, forcent la Science à recon-
naître d'ultranaturelles énergies agissant sur la
matière. Le démon les possède, puisque le
Christ, acceptant l'humanité jusqu'à la tentation, se laissa transporter par lui au sommet du

Temple. Mais les ravissements d'origine céleste pullulent dans la Mystique. Saint Joseph de Copertino s'élevait à la voûte d'églises, au vu des foules du xviie siècle ; fait si indiscutable historiquement, qu'un athée récent s'est efforcé, sans rire, de l'expliquer par un phénomène de dilatation. Plusieurs cloîtres au xixe siècle ont encore constaté pareils prodiges.

Devant la falaise verticale du Saint-Pilon, où l'on entretient à grand'peine un raidillon que la Pénitente n'a pu ni trouver ni établir, le dilemme s'impose entre la négation de son séjour et la croyance traditionnelle à ses ascensions miraculeuses.

Aux regards de quiconque révère dans le monde une surnaturelle logique, cette sépulture aérienne, ermitage d'expiation et de paix, demeurait seule possible pour la pécheresse, après les adieux de Béthanie. Et j'y reconnais vraiment le nécessaire épilogue des évangiles. Tandis que là-bas prêche l'active Marthe, Madeleine continue de garder ici la meilleure part, celle du contemplatif amour. Elle y essaie un plus haut essor vers la patrie de l'âme. Elle vit proche de l'Esprit, qui souffle loin des foules. Et mieux elle y prolonge la souvenance de l'idylle et de la tragédie palestinienne.

Au centre de la formidable paroi la grotte semble une aire d'aigle. Ouverte au nord, mais abritée du mistral par un pan de roche, elle apparaît habitable ; d'ailleurs, depuis Madeleine,

un ascète y vécut. Elle mesure vingt-cinq mètres
de profondeur, autant de largeur moyenne.
L'eau suinte de la voûte, s'accumule en un bas-
sin qui ne tarit pas. Au fond, une alcôve naturelle, surélevée, protégée de l'air extérieur et
sèche, renfermait le lit de feuillages.

Ce n'est pas le moindre prodige, que la dévotion, si souvent maladroite, ait épargné à cet
antre toute décoration criarde ! On y plaça
l'austère chemin de croix, les autels frustes
qu'il y fallait. Quelques cierges brasillent. Là
pas une parole ; seule la grotte de Lourdes s'em-
preint d'un pareil recueillement. Les trente
années de Madeleine et dix-neuf cents ans de
prière ressuscitent en chaque cœur. A peine
songe-t-on à s'indigner contre les vaniteux doc-
teurs qui émondèrent si bien de ses traditions la
foi française que l'arbre a fini par mourir, et
qu'il en faudra planter un nouveau. Pour des
récompenses différentes toujours le même
homme livre le Christ, et toujours le même brûle
Jeanne d'Arc. Seulement l'on s'étonne de l'ou-
trecuidance des négateurs à se prétendre mieux
informés que les pèlerins des premiers siècles.
L'on s'effraie aussi de leur obstination en face
de miracles qui isolés prouveraient peu, car ils
peuvent être accordés à un désir dénué d'examen, mais dont l'accumulation devient une
garantie surnaturelle pour l'authenticité d'un
sanctuaire. Puis la pensée se détourne de ces
misérables ; détachée de la terre, elle regarde

Dieu créer les mondes et préparer cette grotte pour une dilection expiatoire.

Accrochée au flanc de la falaise, une maisonnette aux baies ogivales enferme dans un oratoire quelques reliques léguées par Mgr de Terris, dont la famille les avait recueillies lors du pillage de Saint-Maximin en 1793. Sur la châsse moderne, d'argent doré et d'un bon style byzantin, est reproduite la vie de Madeleine, en émaux ainsi que l'archange Michel terrassant le démon, puis les médaillons de la Vierge et des disciples palestiniens venus en Provence. Les reliques sont un fragment de tibia presque pétrifié par les siècles, et une boucle de cheveux, d'un blond foncé, très fins, aussi bien conservés que ceux des hypogées. Ces cheveux-là essuyèrent les pieds du Sauveur.

Aux alentours, quelques pans de murs attestent
les magnificences ici détruites par la Révolution. De curieuses inscriptions périrent, notamment l'épître où Scudéry décrivait la pénitente
redisant aux échos de la caverne

L'excès de son amour comme de son martyre.

Au-dessus de la grotte, l'ascension du Saint-
Pilon se continue d'abord à travers la région des
fougères. Plusieurs chapelles rongées de mousse
s'espacent aux détours du sentier. Je vis le nau-
frage d'un hêtre géant que le mistral avait pro-

jeté contre la falaise, tronc échoué entre deux
rocs, branches éparpillées dans les têtes d'autres
arbres et sur cinquante mètres du sentier. Ce
raidillon s'escarpe davantage, puis contourne la
paroi verticale, et atteint le sommet par un
désert oblique de cailloux blancs. Là un vertige
d'aérostat précipite l'ascensionniste, suffoqué
par les rafales, vers l'abri qu'offrent les ruines
de la chapelle érigée à dix pas du roc où Madeleine, ravie par les anges, priait au bord du
gouffre. L'étourdissement calmé, l'œil s'effare
devant l'énormité des horizons. Au nord, à cinquante lieues rosissent sous le soleil les neiges
des Alpes profilées, que rejoint un panorama
sauvage de vallons et d'escarpements. Au sud,
le Saint-Pilon descend par une pente douce de
dix lieues, inculte, rocheuse, plantée de maigres
chênes verts, jusqu'aux écueils blanchis d'une
mer de saphir. Et de toute part le rêve hésite
entre le Large, les minuscules paquebots de Marseille, la Nice des orangers, la Provence mordo-
rée, la farandoleuse Arlésie, les innombrables
points rouges qui sont des villages, le rectangle
aminci de forêts, les chaînes voisines, leurs
sentiers de mules, leurs blocs cyclopéens, leurs
croupes azurées, leur solennelle désolation, le
verdâtre linceul des plateaux proches, les
séries d'ombre et de clarté qui ponctuent, tels
les monts lunaires, les rampes alpestres. Puis
le regard abaissé mesure les quinze cents pieds
du gouffre.

Enfin de l'espace et du temps l'esprit s'abstrait : la Terre lui devient une planète quelconque, et, sans les fumées des steamers, aussi bien croirait-il à des trirèmes massaliotes ou aux galères de Louis IX. Ces navires semblent abandonnés sur les vagues ; pourtant quelqu'un au port sait le compte de l'équipage. Ainsi l'Armateur divin veille invisiblement sur notre traversée terrestre.

Un jour viendra où les hommes ne suppor-
teront plus la saine doctrine, et multiplieront
les maîtres qui flatteront leur orgueil.

SAINT PAUL.

De ce haut lieu j'interrogeai les plaines baalistes. L'homme des sols bas nie aujoud'hui ce qu'on voit de la montagne ; il ne croit qu'à son champ, tout au plus à son foyer. Une vision d'effroi me montra la France centrale, une Champagne où l'idée de Dieu fait rire, une Saintonge où les paysans jouent leur femme, un Paris idolâtre de cette Science qui ne crée rien, n'explique rien.

Alors ramenant les yeux :

« Seigneur, épargnez du moins à la Provence la « risible erreur du scientisme ! Démonisme pour « démonisme, restituez-lui plutôt les Ménades ! » Mais, si proche de la grotte sacrée, j'espérai mieux.

L'excès même de l'anticléricalisme provençal me rassura. Il est aussi le fait des Bretons lors-

qu'ils perdent la foi. Ces âmes sont incapables
du médiocre et de traiter le prêtre en gai camarade, comme certaines populations du Centre.

D'ailleurs, la question sociale a gravement compromis la religion chez ces Méridionaux égalitaires et dont le clergé trop souvent encensa le
riche. Puis leurs chefs naturels, sans accepter les
devoirs du patriciat, sont retournés vers le con-
ceptpayen d'une élite artistique. Laissant la place
aux démagogues, ou rêvant de coups d'État, ils
concentrent leurs intrigues italiennes contre quiconque veut chrétiennemeut relever les petits.
Enfin, grâce à la routine des chaires, la vérité
prend l'aspect de l'erreur, tandis que le progrès
des méthodes scientifiques donne à l'erreur matérialiste l'allure de la vérité.

Cependant, l'intégralité catholique est nécessaire surtout dans ce Midi surexcité vers le bien
ou vers le mal. Il mène aujourd'hui la sarabande
contre l'Église, mais, au Moyen-Age, la Croisade
est partie de Toulouse.

La vraie supériorité du Midi ne peut être que
sentimentale ou religieuse. Son climat, Nice ex-
ceptée, et son génie intellectuel sont fort surfaits.
Le mistral, dont la brutalité ne connaît pas les
hululements berceurs du vent d'ouest, est mal
compensé par la splendeur solaire. La Provence
ignore presque la tragique chevauchée des nuages,
les palais de rubis et d'émeraude allumés dans
nos ciels du Couchant. Son sol pierreux enfante
les parfums, non les sèves. Ici toujours quelque

chose nous manque de nos brumes et de nos songes. Le bout du champ vendéen soulève plus de mystère que vingt lieues d'horizon rhodanien. Puis, supprimez la forme aux artistes du Midi, et l'amour à ses poètes, rien ne leur reste. L'expression est trop sereine, et le rêve absent. Même la sculpture religieuse, dont j'aimai tant à Arles la dignité classique, ignore les profondes ressources de la douleur.

Toutefois je rencontre ici, en cette sculpture des Helléno-latins, la transition entre l'infériorité du Midi et son excellence. Non plus que l'Hellas, la Provence n'a soupçonné la grimace, le squelette, le spectre. De la splendeur des formes elle s'élève au ravissement inaltérable de l'âme.

Mais, si l'on réfléchit à la quantité d'inspiration divine que reçurent et que confessent les artistes grecs, si l'on médite ensuite ce que le Ciel a fait pour cette Provence où le Christ ensevelit ses disciples choisis, toute idée d'une supériorité seulement ethnique s'écroule, la vocation s'affirme, et l'on tremble de la dégradation possible pour un peuple qui paierait d'une ingratitude définitive semblables dons. Ce qui sauve encore la Provence, c'est que pas un de ses paysans n'osera vanter la religion comme profitable au commerce. Elle garde la charité du Samaritain, et la relique de Marie-Madeleine lui demeure un palladium d'amour.

Le soir, en une cellule du prieuré, je contemplais sous la lune la falaise gigantesque. L'hiver, à minuit, quand la bise étouffait le grognement des ours, Madeleine veillait au fond du rocher. Quelle force l'assistait dans ces ténèbres dont la pensée apeure? Elle ne fut pas seulement l'expiatrice de ses désordres ; l'accumulation de telles pénitences est nécessaire pour convertir un peuple, et recharger de fluide divin les cœurs.

Ma méditation se détourna ensuite vers saint Jean. Étrange leçon de l'Évangile, que l'amour y soit représenté par une femme pécheresse et par un homme vierge ! Selon la loi du monde l'homme apporte à la jeune fille une chair souillée. Mais le Christ voulut prouver que sa miséricorde atteint plus loin que la nôtre, et ensuite exalter la chasteté masculine, tuer un orgueil de la faute qui a fait tant de coupables.

Je passai à Frigolet la Semaine Sainte de 1903.
Une crise de persécution commençait pour
l'Église de France. L'exil des justes, la charité
proscrite, la fermeture des plus vieux sanctuaires
de la Gaule coïncidaient avec le tapage des cafés-
concerts et la pornographie de la rue. Caïphe
surgissait encore des milieux croyants ; on plai-
gnait presque l'impuissante honnêteté de Pilate.
Tandis que le Christ marchait vers le Calvaire,
les apôtres se terraient, les disciples levaient
leurs mains au ciel, souhaitant qu'on ne les rat-
trapât pas. Les fidèles du Midi se consolaient en
observant que la proscription était légale, et ceux

du Nord en constatant que la rente fléchissait peu.

A Saint-Michel de Frigolet je trouvai l'Abbé occupé à signer les paperasses des hypocrites tyrans. La cellule était envahie par les gens de justice, confus de leur rôle.

Devant l'hôtellerie, dans l'allée montante, un petit monde de sœurs et de domestiques attristait par son silence. Là, spectacle du VIIIe siècle, des chariots emportaient les caisses de vases sacrés, les meubles. Au haut de l'allée, dans la garrigue déjà, la fabrique de cierges restait close; un commis des spoliateurs était venu compter la marchandise. L'alambic de la distillerie s'en allait sur un camion.

En l'église abbatiale, à demi dénudée, le souvenir des idiots qui s'efforcent de substituer à la loi divine leur idéal de table d'hôte, m'infligea cette moderne forme de persécution : la torture par la vulgarité. Mais la théorie blanche des moines emplit le chœur byzantin; l'oraison muette courba leurs nuques rases aux minces couronnes de cheveux. Le siècle cessait ; je compris que le satanisme bourgeois des loges écumerait aussi vainement que la férocité néronienne contre l'essor des âmes. La psalmodie de Complies dorlota l'église crépusculaire ; chaque verset, scandé d'un arrêt, courait sur une note jusqu'à la finale, câline et espérante — *do, do, do, la, si,* — particulière à certains offices des Prémontrés. Hormis quelques terminaisons plus frappées, mon oreille septentrionale ne distinguait aucun verset, à cause de la prononciation fluide des *a*, des *u*, et de plusieurs consonnes par ces religieux méridionaux.

Comme, deux ans écoulés, j'avais assisté devant la Loire aux dernières heures bénédictines de Glanfeuil, je regardais finir ici, dans le glas d'habitudes continuées, un spectacle désormais trop grand pour la France. L'évocation liturgique des souffrances du Christ empruntait aux scènes extérieures un angoissant réalisme, et l'on se demandait si la nudité des autels annonçait le Vendredi-Saint ou l'exil.

Entre les offices et quelques causeries avec les Pères, je réexplorais le désert de la Montagnette. Un avril groënlandais, en harmonie avec les événements, dévastait la France : à Paris la neige, ici le mistral, et l'on grelottait au soleil. Il resplendissait pourtant sur les garrigues, sur cette terre magnifique et indigente, sans vulgarité et sans orgueil ; j'aimais cette sœur de la Judée et d'Hellas. On y peut courir trois heures dans la brousse sans rencontrer personne, et aussi sans craindre de poser le pied sur la vipère, laquelle empoisonne le délice mieux fleuri des printemps de l'Ouest. Ici, les fleurs peu variées sont étranges, pareilles à celles des peintres primitifs. Elles jaillissent du cailloutis aigu dont ces collines sont faites ; le demi-deuil violacé de hautes quenouilles émerge parmi l'argelas d'or et la rose à quatre pétales étoilant une sorte de pourpier. Les thyms rôtissent au fond de l'entonnoir des combes, où l'on plonge à mi-corps dans les halliers de lavande et de buis.

Proche de l'abbaye, un calvaire fouaillé par le vent bénit tout le val de ce Frigolet dont l'étymologie hésite entre le provençal *ferigoulo* (thym) et *frigus*. Souvent, du calvaire baigné d'aromates je regardais serpenter la route, avec ses voyageurs fourmis, en un paysage de Cervantès, au bas de roches aveuglantes où jadis durent miauler les lynx.

Il montait par cette route et par les sentes sauvages plus de monde que de coutume. Ce n'était pas l'enthousiasme, trop politique et un peu gamin, du siège de 1880. Un Tarasconnais offrit bien d'apporter cent livres de poudre « pour « faire tout sauter » ; on rencontrait bien aussi les galéjaires qui devaient, trois jours après, enfermer le juge de paix sous scellés ; mais l'indignation des paysans de Barbentane, de Graveson, était plus sérieuse ; l'on se réveillait avec une âme de guerre civile. Le Révérendissime avait pour les visiteurs de touchantes paroles, jointes à l'ascendant d'un homme du Nord. Il quittait douloureusement son monastère, mais sans regret le pays du mistral. On lisait en revanche la consternation de ses moines à l'idée d'aller vivre, loin de leur soleil, sous les ciels de pluie.

Le Vendredi Saint, à l'heure où voulut expirer le Christ, parurent des huissiers et le spoliateur légal intitulé liquidateur. Il avertit les Pères que

leur correspondance collective serait arrêtée à la
poste, et une somme de cent soixante mille francs,
tout leur avoir, saisie entre les mains d'un sé-
questre. On voyait fréquemment les gendarmes ;
ils refusaient dorénavant de déjeuner à l'hôtellerie.

Chaque matin, les journaux annonçaient une
recrudescence de persécution. Les chapelles se
fermaient. Je tremblais pour la Sainte-Baume.
A Avignon j'avais vu, depuis longtemps déjà, disperser les Jésuites. Les Pénitents gris reçurent
défense de se réunir en leur oratoire, d'une mysticité ancestrale, évoquant la fondation de la
confrérie sous Louis VIII ; je n'entendrais plus
ces voix graves de bourgeois et de laboureurs,
associés dans une si haute compréhension du
christianisme. La foule, trop naïve vraiment, de
ce Midi, s'en prenait à l'archevêque, que les lou-
ches proscripteurs avaient contraint à fermer
« les lieux de culte non concordataires ». Impossible de faire comprendre à ces populations sentimentales, illogiques et obstinées, que tout le
mal provenait de leurs votes. Bernées par les
boniments électoraux qui leur persuadent qu'elles
constituent l'avant-garde sociale, elles ne soup-
çonnent pas que leurs opinions retardent d'un
siècle, sinon de trois, car tel anticlérical bondira
d'indignation au mot de protestant, et jurera qu'il
se laisserait rouer plutôt que de renier le catholicisme de ses pères. Rares les esprits qui font
aimer leur rencontre ! Un livre écrit au Nord ris-

que d'être trop favorable au Midi, et réciproquement. Il existe beaucoup plus d'âmes choquantes que de coupables.

Las des hommes, je retrouvais avec volupté dans la Montagnette la création d'avant le jour sixième. A deux cents pas du monastère, un vallon s'enfonce, oasis embroussaillée de cette yeuse, l'*ilex* virgilienne, si improprement appelée chêne vert, car son immuable feuillage est presque noir. Là crisse le gazouillis fluet d'invisibles cinis. Tout alentour, le flanc des garrigues hérisse son maquis de chênes kermès aux glands poilus, aux feuilles de houx ; plus haut bleuit la pâle lavande, jaunit l'argelas aux durs piquerons, rosit le thym, parmi les cailloux blancs ou veinés de rouge. Bizarre forêt, d'un mètre à peine, épineuse et sèche, où chaque pas secoue des parfums. Le faucon, rarement l'aigle de passage, planent sur ces monticules délaissés même des chèvres. Fatigué d'y écorcher mes souliers, d'y foncer dans la bourrasque de mistral, je dégringolais jusqu'au ruisseau à sec ponctué de joncs maigres. Ici, au lourd soleil, une mort, un silence, une prison de roches tourmentées, de pics blancs, de mamelons aux verdures noirâtres. Soudain, à un tournant du vallon, le rideau se levait sur la plaine de la Durance. Ce caractère scénique du paysage provençal m'a souvent frappé ; tout y est châssis successifs, toile de fond, praticables.

Ravissant, ce décor ! Les roches blanches, leurs silhouettes d'époques géologiques, leurs

éboulis de terre rouge encadraient au second
plan la Provence heureuse, avec la flèche lointaine de Maillane où vit Mistral, les rideaux de
cyprès, les olivettes, les ormes, les peupliers
d'Italie, les villas peintes, toute l'églogue murée
à deux lieues par les bosses des Alpines, dont
les azurs, les mordorés, les gris-perle flambaient
sous l'immense indigo d'un ciel noyé de lumière.
Cela vraiment semblait un théâtre, prédestiné aux
drames harmonieux de Sophocle ou aux idylles
de Théocrite. L'on y rêvait de quelque Antigone
dont le christianisme eût fait Mireille.

Par la route, d'un blanc aveuglant de papier,
et qui saute sur une arche un torrent à sec, je
regagnais les rampes du monastère, égrenant
leur chemin de croix sous les pins, où crisse et
agite sans repos ses ailes d'or le minuscule serin
de Provence.

Tout de même l'étrange terre, faite de contrastes qui s'accordent en une absence de banalité !
Un mistral à renverser les trains et à glacer un
Esquimau, ou bien une splendeur et une douceur
de lumière dont, passé Valence, on n'a aucune
idée. Nulle part autant d'extase chantante, et
nulle part, sauf en Italie, autant de suicides. Ils
apparaissent logiques chez ce peuple passionné
et si mal évangélisé aujourd'hui. C'est surtout
parmi les populations latines, autour de Nice ou
dans le Comtat, que se reproduit presque chaque
mois le fait-divers de deux jeunes gens à qui leurs
familles refusaient le mariage, et qu'une loco-

motive écrase ensemble, ou qu'on repêche enlacés dans le Rhône. Crime d'une législation hostile aux mariages d'amour, hors desquels il
n'existe pourtant qu'un proxénétisme sacrilège !
Je prie pour ces pauvres enfants, issus d'une
race si supérieure à celles où se tuent les gens
ruinés. Cependant la sensibilité des Provençaux
nuit à leur jugement ; les monastères proscrits
dans toute la France ne les avaient point émus,
jusqu'au jour où la nouvelle qu'un chartreux octogénaire était mort de saisissement, déchaîna
leur indignation.

La poésie de la Provence est-elle chrétienne ?
Ses oliviers, ses sanctuaires répondent oui.
Est-elle payenne ? Il suffit pour le croire de humer ses myrtes, leur saveur et leur odeur ensorcelantes. Ses printemps manquent de fraîcheur
et de primevères : son heure, c'est le resplendissement de juillet, la floraison des lauriers-roses,
le silence d'un soleil où tout bourdonne, les corridas et les vogues, la violence et la nonchalance
orientales. On ne saurait l'aimer à demi ; il faut
l'idolâtrer ou la haïr, et les deux à la fois. Nous
fuyons son mistral et sa poussière ; d'un coup
d'éventail de son soleil elle nous reprend.

Ses âmes lui ressemblent ; liqueur chrétienne
et vase grec. Jugez-la sur les sarcophages d'Arles
où la croix domine les attributs mythologiques.
Je ne m'étonnais plus de lire au fronton de Frigolet la dédicace des temples joviens : *Deo optimo maximo*. **Le paganisme** était d'ailleurs beau

coup plus religieux que ne le laissent supposer les
pastiches de la Renaissance. Celle-ci fut le crime
de l'Italie qui, avec la sensualité, rénovait de hideux supplices. L'aristocratisme néronien de la
Renaissance déchristianisa notre Midi égalitaire,
que les néo-paladins du dix-neuvième siècle
n'étaient guère faits pour convertir. Aujour-
d'hui les énergumènes politiques aggravent le
malentendu. Une multitude sans chefs raison-
nables oscille entre les brutes démagogiques qui
haïssent Dieu, et de plus sympathiques, mais
aussi malencontreux gentilshommes, dont l'action sociale consiste à faire souscrire le peuple à
un luxueux exemplaire de *Mirèio*, pour l'offrir au
duc d'Orléans.

— Ici, me disait en souriant l'un des Pères,
les royalistes protègent Dieu, s'il est du parti.

— Hélas! mon Père, ce n'est pas seulement
ici! Ce qui vous expulse, c'est cette Droite d'il y
a cinq ans qui laissa tomber un ministère modéré. Au fond elle exécrait la République. Les
préjugés des snobs et l'avarice ont tout perdu.
Pourtant, la forme politique ne signifie guère.
La protection des humbles, le règne de Dieu,
voilà l'essentiel. Royalistes ou républicains, peu
importe ; qu'on nous donne des chefs désintéres-
sés! Mais depuis cent ans il n'alterne au pouvoir
que deux factions : les enragés de conserver et
les enragés d'acquérir. Toujours les trente de-
niers !

La France chrétienne ressusciterait-elle, ainsi
qu'au chœur abbatial, le Samedi-Saint, s'annonçait dans la splendeur, diminuée, hélas ! des
liturgies, la victoire proche du Christ sur le
tombeau ? Avec la parure de l'autel et les croix
dévoilées de leur deuil la joie renaissait ; un cla-
potis de lune tremblait dans l'argent moiré des
chapes. La bénédiction de la cire, son extatique
liturgie de printemps chantait l'appel à la nature,
convoquait ici « la mère abeille », célébrait
« cette nuit vraiment heureuse illuminée comme
« le jour». A toute volée se réveillaient les cloches
dont l'écho pour la dernière fois courait sur les
garrigues.

La France chrétienne ressusciterait-elle ? Indestructible survit l'Eglise, mais la foi change de
place, et un pays peut mourir. Catastrophes aver-
tisseuses, prodiges de Lourdes, rien ne semble
plus toucher les esprits. Et pour nous l'effroyable
c'est à nos portes la Belgique et l'Italie en pleine

résurrection religieuse, les évêques d'Allemagne
qui firent reculer Bismarck, l'Angleterre obsé-
dée d'un retour au catholicisme, et toutes ces
patries prodiguant l'hospitalité aux moines que
rejette la France des cafés-concerts. « Seigneur !
« m'écriai-je, nous avons essayé tous les remèdes,
« ce pays ne veut plus vivre, appelez le chirur-
« gien si vous voulez ! » Puis, lâche : « Non, non,
« Seigneur ! » tant je frémis d'apercevoir, dans
l'avenir comme dans le passé, la chair de la
Gaule saignant sous le knout des Barbares.

Mais quel archange renverserait le règne de
la Bête ? Quel Ezéchiel, soufflant sur ces ossements de foule, referait un peuple ? — Allons, pensai-je, voilà que je ressemble à ces
catholiques qui sonnent Dieu pour défendre leur
porte, et fument leur cigare en attendant le miracle libérateur ! Les francs-maçons montrèrent
plus de patience ; voilà trois siècles qu'ils tra-
vaillent à l'œuvre de mort.

Pour reconstituer une France religieuse, cinquante ans peuvent suffire, car si nous nous ai-
dons Dieu nous aidera. Alors le devoir social
m'apparut sous l'image d'une montagne de Provence que l'État reboise : de place en place, quelques persévérants coups de pioche préparent un
sol maigre aux pousses de sapin ; un jour, loin
dans l'avenir, la forêt succédera au désert pierreux. Seulement, il nous faut d'autres ouvriers que
les chrétiens de concours hippique et les prêtres
à qui suffit un presbytère confortable. Ah ! ceux-

là, les Bazaine de la foi, pharisiens qui n'ont aimé
ni Dieu ni le peuple !

Passant la revue des provinces, le Languedoc
me [présenta le germe de l'apostolat efficace. Là
des dames se partagent les quartiers d'une ville,
qu'elles ensemencent de tracts apologétiques. Dès
lors la persécution cessa de m'alarmer. Mieux
vaut des fidèles sans églises que des églises sans
fidèles.

L'office abbatial de Pâques m'apparut un spectacle anachronique, vestige des grandes amours
du Moyen-Age, pierre d'attente pour les réno-
vations prochaines. La joie de l'*O Filii* m'an-
goissa, tant détonait à pareille heure ce chant
de la Provence ancienne. Pourtant les villages
voisins remplissaient la nef, ce peuple de
la Montagnette mieux préservé des intoxica-
tions. Les types aussi survivaient plus purs dans
l'orientale beauté et l'hellénique maintien des
femmes.

Mais la Provence se révélait de nouveau toute en
contrastes. Je discernai des figures séraphiques ;
je reconnus les gens du Parti, dont plusieurs se
demandaient évidemment pourquoi le Roi les
obligeait à communier. Du fond de la nef il surgit quelques familles lamentables, hommes aux
costumes de serfs, invraisemblables dans la
France actuelle, ou pauvresses qui tenaient leur
nourrisson en s'approchant de la table sainte,
tandis que tous les autres laboureurs portaient
un vêtement bourgeois, et que leurs femmes au

teint mat exposaient sur l'arlèse des grands jours les bijoux héréditaires.

Elles semblaient, ces femmes, les déesses des ténèbres. Du manteau et du fichu noirs, des torsades de cheveux au noir presque bleu, du ruban de velours sombre, émergeaient les seules blancheurs de la *capello* et du minuscule diadème en dentelles. Immobilement droites, ou s'avançant avec la souplesse des Tanagra, pudiques mais l'œil en éveil, leur foule toute semblable incarnait trois mille ans des civilisations les plus nobles.

FIN

24-10-03. — Tours, Imp. E. ARRAULT et Cie.